AF261704

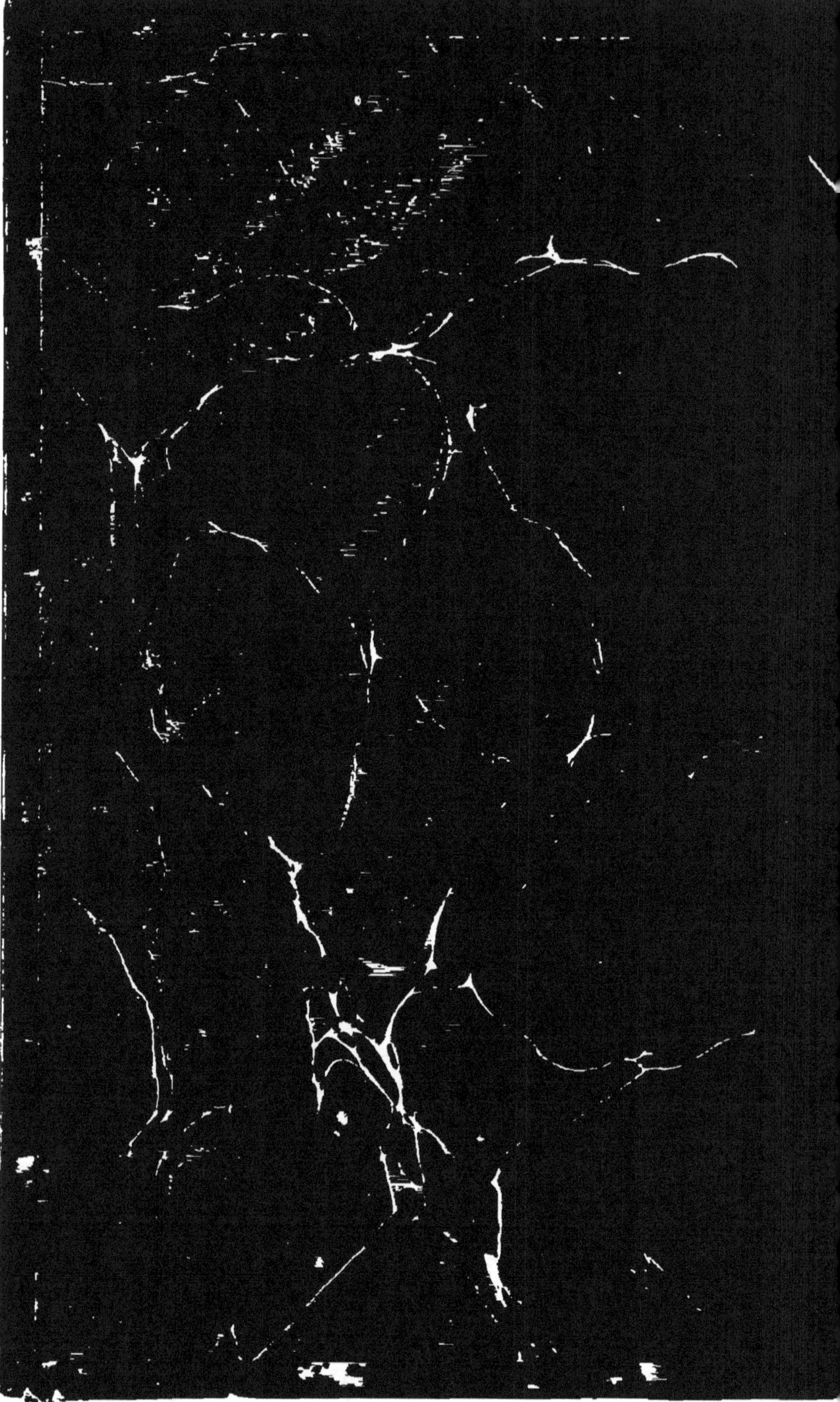

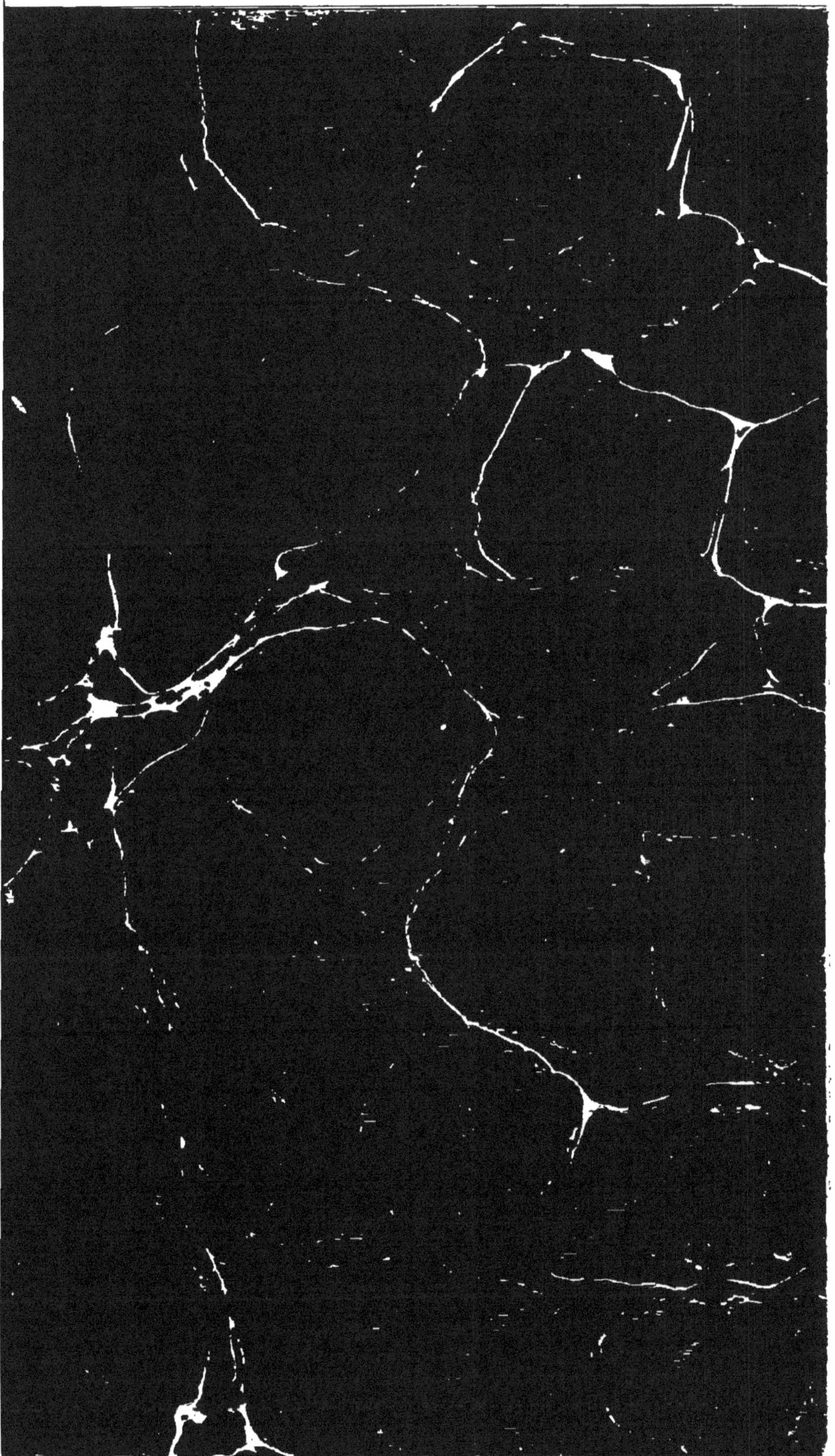

Lk 7 27 1

CAUSERIES

SUR

FÉCAMP, YPORT, ÉTRETAT, COLLEVILLE, VALMONT, SAINT-VALERY-EN-CAUX, CANY ET AUTRES LIEUX.

Le présent livre, orné d'un plan du port de Fécamp et d'un plan de la ville de Saint-Valery, contient de bien notables légendes, et nombre de curiosités : le tout colligé et transcrit par un nommé Joachim Michel, bonhomme du pays

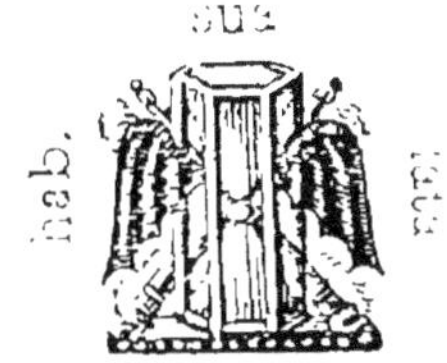

FÉCAMP

CHEZ LA DEM. PICARD, LIBRAIRE, PLACE DE L'ABBAYE

M DCCC LVII

PROLOGUE.

OU L'ON VERRA COMMENT ET POURQUOI A ÉTÉ ÉCRIT
LE PRÉSENT LIVRE.

Savez-vous, bonnes gens, comment P....
Gal.... composait ces gros, grands livres,
qui font l'admiration des antiquaires saugrenus, des papelards et des maîtres d'école du
pays ? — Il étendait une feuille de papier
blanc sur une table, trempait une vraie plume
dans de l'encre de la petite vertu : puis s'en
remettait au hasard. Le papier se couvrait
bientôt de signes cabalistiques, figurant des
villes gallo-romaines, pleines d'édifices splendides ; le client heurtait à la porte du patricien ;
les esclaves couraient çà et là ; le grave
romain relevait sur sa tête le pan de sa toge ;

le gaulois, à la haute stature, regardait naturellement de travers les vainqueurs du monde.—J'ai vu une goutte d'encre, échappée de la plume du non jamais assez loué P... G..., s'étendre et représenter un port garni de trirèmes ; un tesson sur lequel portait un pied de la table se changer en un précieux fragment d'amphore ; d'abondant, une vieille savate se barbouiller de caractères tracés au onzième siècle (v. de pantouflis veterum. c. x ξ o.) C'était une charte rédigée en ce beau latin conservé jusqu'à notre époque par les formulaires pharmaceutiques.

Ceci est merveilleux, sans doute ; mais un abstracteur en a trouvé la cause.

Une émanation des choses du temps passé s'exhale, sans cesse, du sol foulé par les Calètes : ce fluide imprègne les fibres longitudinales des points d'appui, s'étend dans les ais horizontaux, agit avec force sur l'appareil olfactif de l'écrivain et, pénétrant la masse de son cerveau, lui cause une extase durant laquelle il voit aussi clair dans les siècles écoulés qu'un chat dans un miroir. Ce qui est un cas bien étrange !

De là une foule de livres sur le Pays-de-Caux, qui encombrent les chemins et en font de véritables casse-cou.

Pour remédier à ce mal si, me dévouant pour le salut commun, j'écrivais, me disais-je, une brochure très-peu savante sur le tout petit coin de terre compris entre Etretat et Saint-Valery ? Ce serait moult profitable aux braves gens qui viennent chercher sur les côtes — à vingt myriamètres et plus de leur chambre à coucher — de l'eau, de l'air et du soleil.

Mais pour parler d'une fraction de territoire, si petite qu'elle soit, encore faut-il la connaître ; — pour la connaître, il faut la voir ; — pour la voir, il faut.....

Voyager !

Or, ce mot signifie parfois, si je ne me trompe :

Déceptions,

Mauvais gîtes,

Dîners détestables,

Digestions pénibles,

Hôtesses mal avenantes,

Habits déchirés,

Membres rompus,
Et le reste.

Je faisais ces réflexions en face d'un bon clair feu de menues branches. La neige couvrait la terre, et le givre avait suspendu aux rameaux dépouillés d'élégants festons cristallins qui faisaient plaisir à voir.

Tout-à-coup (pour parler comme l'auteur du Thélémaque), un tout petit homme joufflu, ventru, lissé, peigné, vint se placer dans la cheminée, me cachant presque le feu : je reconnus de suite le démon de l'égoïsme, pour l'avoir cent fois coudoyé dans la rue, tandis qu'il allait chercher de l'argent.

Que t'importent, me dit-il, les ornières et que les fous s'y rompent les jambes? Sage qui reste dans son fauteuil, se vêt selon la saison : boit chaud en hiver, frais en été, et ne demande pas de quel côté la terre tourne.

C'est, répondis-je, l'avis d'Echephron en ses remontrances à Pichrocole.

Mais au mois de mai, je humais, avant le jour, une fraîche senteur de fleur de pommier.

s'épandant au loin dans l'air. Le soleil parut, et l'un de ses rayons, traversant une goutte de rosée, brûla cruellement un joli farfadet, endormi dans le calice d'une fleurette. En sursaut réveillé, le pauvret s'enfuit à toutes jambes et se cassa le nez contre un voyage très-pittoresque, relié en veau, qui gisait à terre.

Voilà pourtant à quoi sont exposés, dans un pays inconnu, ces bons touristes—qui sont des hommes, après tout.

Sur ce, dûment guêtré, un bâton à la main, je me mis en route, bien décidé à sonder les chemins avec le plus grand soin.

Chemin faisant, j'ai rédigé les pages suivantes, où l'on trouvera beaucoup d'ignorance, et un grand nombre de contes bleus.

Heureux si je puis faire éviter, à qui me tiendra par la basque:

Guides,

Histoires,

Essais,

Descriptions

Pittoresques

Et autres cas fâcheux.

ÉTRETAT

J'ai trouvé un bien étonnant chapitre dans un gros livre, habillé proprement d'un superbe maroquin et rogné tout de travers.

« A dix lieúes N. E. du Havre, le village
« d'Etretat mérite quelqu'attention.....
« il est situé dans un vallon creusé au
« milieu d'une falaise de craie, et dont le
« sol, plus bas que la marée haute, n'est
« défendu contre les vagues, que par une
« digue de cent mètres d'élévation, formée
« par les galets que la mer y entasse

« lorsque le vent souffle du Nord, et que
« quelquefois elle détruit aussi. Il y a
« environ vingt-cinq ans, la mer s'éleva
« de cent cinquante mètres et envahit le
« village ; une dizaine d'années plus tard,
« elle y séjourna pendant quatre ou cinq
« heures et emporta plusieurs maisons en
« se retirant. » (1)

Voilà comme les géographes disent vrai
au moins une fois sur cent ! Une digue
haute de cent mètres, formée et balayée
tour-à-tour par la vague ; mais cela mérite
en effet *quelqu'attention*.

J'ai cherché avec soin les débris de
l'arche où se sont réfugiés, sans nul doute,
les témoins de ce mémorable envahissement
de la mer, qui s'est avisée, en plein xix^e
siècle (d'après notre véridique auteur) de
cacher sous ses eaux jusqu'au dôme du
Panthéon, sans que le bureau des longitudes
en ait jamais rien su : j'ai eu la douleur
de ne pas trouver le moindre morceau de
bois qui pût témoigner de cet effrayant
cataclysme.

(1) Précis de la Géographie universelle. — Paris 1840.

Tout le mérite de cette découverte précieuse, qui renverse les opinions émises sur les formations neptuniennes — on ne les croyait pas si récentes—revient de droit à M. J.-J.-N. Huot, le savant continuateur de Malte-Brun. Cependant, je dois à la vérité de déclarer que l'estimable géologue a eu le tort grave de négliger les fractions, lorsqu'il a mesuré la fameuse digue dont il parle : il s'est trompé de plusieurs millimètres.

Ce point important éclairci, passons.

Etretat n'est plus cet amas de bicoques aux toits de chaume, assis tristement au fond d'un vallon dénudé, et visité seulement par les gourmets qui savaient apprécier la saveur du poisson pêché sur cette partie de la côte. C'est le rendez-vous des artistes ; des littérateurs ; des baigneurs, charmés de la transparence de l'eau, qui s'étend sur une belle plage couverte de cailloux roulés ; des curieux désireux d'admirer les capricieux contours des falaises. C'est une bourgade se faisant coquette pour recevoir ses hôtes. Les plus fidèles ont même planté là leur tente : ils ont bâti d'élégantes, de capricieuses, de vastes demeures ; défriché les pentes arides des coteaux ; planté des bosquets ; dessiné des jardins. Les auberges sont devenues de vastes hôtels. Enfin l'on a construit, près des cabanes de bains, un casino, cet accessoire obligé de toute plage adoptée par la mode.

Pour accomplir cette transformation, il n'a fallu que quelques lignes d'Alphonse Karr, quelques croquis de Le Poitevin.

A Etretat, tout a un caractère d'étrangeté qui frappe vivement l'imagination. Là, rien ne ressemble à ce que l'on voit partout.

Le sol, plus bas que le niveau des hautes mers, est protégé par une digue de galets, remués sans cesse par les vagues, qui ont rompu plus d'une fois cette faible barrière. Quelqu'irruption soudaine des eaux de l'océan a dû donner lieu à une coutume conservée avec un soin religieux : le jour de la fête de l'Ascension, le clergé bénit la mer et lui ordonne de respecter ses limites. (¹)

(1) Une pièce de procédure, datée de 1724, que j'ai eue entre les mains, parle en termes assez vague d'un débordement des eaux.

Mais ce n'est pas tout, lorsque la mer ne mord pas la plage , les vallons versent sur le village des eaux torrentielles qui ont maintes fois englouti des maisons, remplacées par des constructions nouvelles qui disparaîtront peut-être à leur tour. A diverses reprises, depuis le commencement de ce siècle, des inondations ont désolé ce pays : je citerai seulement l'inondation de 1842, qui a causé de grands désastres sur toute la côte. Le sol disparut sous un lac fangeux ; quatre personnes furent noyées, et lorsque les eaux se retirèrent, elles laissèrent une énorme masse de boues cachant les murailles de quelques petites maisons. Le lendemain, les marins s'agenouillaient devant une bière, déposée dans la lucarne d'un toît dont les chaumes touchaient la nouvelle alluvion.

Une rivière arrosait la vallée et faisait tourner, il y a deux siècles à peine, les roues de plusieurs moulins ; elle a disparu, s'est frayé un cours souterrain et verse ses eaux dans les galets. A mer basse, les femmes creusent des réservoirs et lavent leur linge en bavardant tant et plus, selon l'antique usage des lavandières.

Étretat n'a pas de port mais seulement un échouage. Les marins hissent à force de bras leurs lourds bateaux sur la grève. Les vieilles embarcations sont conservées avec soin : solidement appuyées sur des cales et coiffées d'un toit de chaume, elles servent de magasins aux pêcheurs.

Les falaises d'aval ont été décrites cent fois. Qui ne connaît le Trou à l'homme, la Chambre aux demoiselles, la Chaudière, la grande et la petite Porte, et l'Aiguille auprès de laquelle l'obélisque n'est qu'un jouet de Nuremberg ; œuvres cyclopéennes taillées à même une imposante masse de rochers, par la main puissante du temps ? L'arche gigantesque qui s'appuie sur la falaise et se présente toujours aux yeux est surtout célèbre.

Malgré leurs grandes dimensions, toutes ces merveilles ont une certaine coquetterie qui leur a valu une partie de la célébrité qu'elles ont acquise.

La falaise d'amont mérite vraiment une

partie des éloges prodigués tant de fois à sa voisine de gauche. L'accès en est commode, grâce à un tunnel percé dans un bloc calcaire, et dû, tout entier, à la prévoyance humaine; il faut seulement, pour gagner cette voie souterraine, s'enlever à la force des poignets sur des crampons de fer scellés dans le roc. A peine sorti de là, on trouve une grotte fort élevée et dont les parois sont tapissées de zoophytes à reflets cramoisis. L'aspect de cette falaise est imposant : les rocs tombés se superposent d'une façon bizarre; un énorme rocher gît, entouré de fucus, bravant depuis des siècles l'action destructive de l'Océan ; plus loin, une roche droite et élancée est posée, sur sa base étroite, comme une borne placée là pour indiquer une des stations de l'Océan.

Il ne faut pas oublier de gravir et de descendre la *valleuse* de Bénouville, sentier capricieux contournant un vaste puits naturel, se perdant dans la falaise et se terminant enfin par un escalier taillé dans la pierre. Une inscription attribue ce chemin rapide à M. Millaud ; c'est une erreur : un contrebandier seul a pu s'aventurer le premier sur ces pentes effrayantes. M. Millaud a fait, il est vrai, améliorer la valleuse ; M. Huet, le propriétaire du château de Bénouville, la fait réparer avec le plus grand soin ; mais si les pêcheurs savent apprécier ces soins intelligents, plus d'une touriste intrépide regrette le temps où l'on faisait preuve de courage — ou d'étourderie — en se cramponnant à des trous pratiqués de place en place, pour suivre une voie à peine tracée qui donnait le vertige.

On trouve plus loin une magnifique fontaine dont les eaux coulent en légers filets sur les mousses emprisonnées dans un sédiment calcaire, et qui n'est pas une des moindres curiosités de cette partie de la côte.

Les parcs creusés dans le vaste plateau semé de varech, que la mer recouvre deux fois par jour, ont été établis vers la fin du xviiie siècle. Les huîtres d'Etretat ont eu une grande réputation, mais l'exploitation de ces parcs a toujours été ruineuse. Commencée en 1782, elle était bientôt interrompue : dès la troisième campagne, la perte était de 49,000 livres, et les associés entamaient un de ces procès normands qui n'en finissaient plus.

L'église d'Etretat est fort remarquable ; sa nef rustique est du roman le plus simple : en revanche , la lanterne est hardiment jetée et éclaire le temple d'un jour mystérieux. Cet édifice est placé loin des habitations, ce qui a fait l'objet d'une légende.

Une pieuse dame lavant son linge au bord de la mer — ni plus ni moins qu'une princesse des temps héroïques — fut surprise par les pirates. Elle prit la fuite en faisant vœu de bâtir une église, si elle échappait aux mains des mécréans, et remplit religieusement sa promesse. Les constructions s'élevaient au milieu du village , quand le diable, qui se mêle de tout, et que cela ne regardait point, s'avisa de trouver le lieu mal choisi. Chaque nuit, il transportait en tapinois, auprès du Petit-

Val, le travail de la journée ; et ma foi, on prit le parti de le laisser faire.

Une voie romaine aboutissait à Etretat ; on en reconnaît, dit-on, la trace.—Je n'en sais rien.

J'ai lu qu'une des marches du calvaire était formée d'une pierre druidique trouvée à Pierrefiques ; ce qu'il est fort utile de savoir.

J'ai vu dans maints bouquins que le sol est plein de débris : aqueducs, villas, monnaies, pots cassés. — Si vous voulez vous en assurer, prenez une pioche et creusez.

Que si vous découvrez une sépulture, cessez vos recherches et comblez la fosse : le sang a circulé sur les os dénudés que vous remuez ; ils ont obéi au souffle divin.

Un hochet est toujours trop cher, lorsqu'il faut, pour l'acquérir, troubler le repos des morts.

D'ETRETAT A YPORT.

Nous quitterons, s'il vous plaît, la route
départementale , avec son silex finement
broyé, pour suivre les sentes capricieuses
qui s'étendent sur la crête de la falaise.

L'immense forêt de Fécamp recouvrait
toutes les plaines que nous allons apercevoir:
elle a disparu, faisant place à des champs
fertiles, et laissant seulement çà et là quelques bouquets de coudriers. L'on trouve
encore, cependant, le long des côtes — sur
la lisière des terres cultivées — de vastes
tapis de verdure, dont les moutons broutent,

rez-de-terre, l'herbe chargée de principes salins.

Les *ronds des fées* gardent leur couronne d'herbes saillantes et jaunies. Les savans, qui veulent tout expliquer, voient là l'œuvre de petits champignons, dont les générations se succèdent, agrandissant chaque jour la circonférence tracée par leur action meurtrière. C'est ainsi que l'on a accusé les champignons d'une foule de méfaits : ils mangent, dit-on, les pommes de terre, rongent les blés, boivent le vin ; pourquoi prétendre encore qu'ils gâtent l'herbe ?

Sérieusement, les *ronds des fées* sont—ma nourrice me l'a dit cent fois— des « cernes magiques » où les lutins enferment, à l'heure de minuit, les imprudens qui veulent se mêler à leur fête : l'herbe foulée par la ronde fantastique, en garde à jamais l'empreinte.

Dès que le soleil a quitté l'horizon, les gens sensés ne s'aventurent plus sur les terreins que ne remue point le soc de la charrue ; ils savent fort bien que si ils échappaient aux *demoiselles*, ils tomberaient dans les mains de quelque farfadet, porteur de lanterne, qui ne manquerait pas de les jeter à la falaise.

Le fond de Vaucotte est un vallon étroit, où les eaux de l'inondation ont fait, en 1842, cinq victimes. Le chemin, qui mène à la mer, a été creusé profondément par le torrent et il est encaissé entre deux talus d'argile et de cailloux : il conduit à une petite baie, de l'aspect le plus sauvage du monde, que j'aime toujours à revoir. C'est une promenade que les désœuvrés ne doivent pas négliger.

Il faut ensuite remonter le vallon et se diriger vers la ferme des Ferrières, placée sur le coteau nord. Le paysage est charmant; l'œil plonge dans de vastes fosses circulaires et profondes, que tapissent des arbres à végétation vigoureuse. Selon la tradition, on y a exploité un minerai de fer ; mais il est probable qu'on n'y a jamais cherché ce métal. Les pierres qui roulent sous les pieds des passans, semblent plutôt prouver que les gaulois ont fouillé le terrein pour en extraire les poudingues, composés d'agathoïdes liés par un grès siliceux, qui leur servaient à confectionner les petites meules à l'aide desquelles ils broyaient grossièrement le blé.

Non loin de là, mais sur le territoire de Saint-Léonard, on voit encore, dans la cour d'une ferme, une tourelle où l'on enferme je ne sais quoi—des pourceaux peut-être : — c'est tout ce qui reste du château des Hogues.

Au xiie siècle, la dame du lieu attirait, par mille ruses, nobles et vilains; les choyait d'abord , puis , lassée d'eux , les faisait précipiter à la mer, du haut des falaises : le sophiste Buridan ne s'en fut jamais tiré.

Parfois elle les condamnait , par un affreux caprice , au supplice infligé par le chanoine Fulbert au trop éloquent Abeillard.

Un abbé de Fécamp , qui espérait convertir l'enchanteresse, se laissa prendre à ses piéges. Sorti, on ne sait comment, sain et sauf du manoir, il éprouva de vifs remords, fit rude pénitence et mourut en versant des larmes de repentir.

Pour la dame, on la brûla très-bien, et le roi Henri, deuxième du nom, donna le château au monastère.

Depuis quelques années, les cultivateurs du Pays-de-Caux ont fait de très-grands progrès dans l'art d'élever et d'engraisser les bestiaux. Les étables de M. Lesenne, à Froberville , renferment de magnifiques bêtes de race normande pure , qui n'ont qu'à montrer dans les concours leur solide poitrail et leurs cornes menaçantes , pour remporter de vive force tous les prix.

M. Lesenne possède assez de médailles pour s'en faire un immense collier.

YPORT.

Il y a , je crois, tantôt un siècle que je visitai Yport pour la première fois. On y arrivait alors par un sentier rapide , semé de silex aigus ; la Grande-Rue , vrai cloaque , pavé de débris de poisson , recouverts de paille à moitié pourrie , exhalait une odeur fétide. La malpropreté , la misère des habitans , étaient passées en proverbe : on disait en raillant : « qui a vu Paris et n'a pas vu Yport, n'a rien vu. »

Les surnoms qualificatifs , prodigués à

plaisir, témoignaient d'une demi-barbarie : Maringot, Petite-bête, Gueuxville, Petit-œil, Bigearre, Maillon, tous hardis pêcheurs, sans cesse en contravention avec l'ordonnance de 1681; sans cesse poursuivis à la requête et au profit de M. l'amiral.

Le peintre que j'accompagnais faillit être lapidé parce qu'il avait, à côté d'une grosse femme, croqué une femme grosse, dont le fruit ne pouvait manquer d'être compromis par un acte aussi insolite.

Nous offrîmes à un vieillard, pour qu'il nous permît de retracer sa portraiture, un écu d'argent fin, dont les juifs avaient négligé d'altérer la tranche : il refusa. Un homme dont on faisait le portrait devait, disait-il, mourir avant que l'année ne fût révolue.

Je vous affirme que l'on pourrait s'écrier en latin, — mais il est plus difficile de le dire en français : — qu'Yport est bien changé depuis ce temps-là.

Les filles professent la plus grande estime pour les rapins, qui les représentent avec des jupons courts et des joues enluminées de vermillon : deux choses du meilleur ton dans le pays.

Les vieillards peuvent vous apprendre qu'une pièce de cinq francs pèse vingt-cinq grammes d'argent, au titre de neuf dixièmes de fin : et ils savent par expérience combien il est difficile de gagner une pièce de cinq francs.

Une belle route , bordée de coudriers s'appuyant au flanc des côteaux, s'em-branche sur la voie départementale.

La Grande-Rue étale avec orgueil son revêtement de silex, de gentilles boutiques et beaucoup de cabarets. Une maison d'école vient d'être bâtie. L'odeur âcre du poisson et du varech a perdu son intensité première. Cet étonnant progrès est dû en partie à deux fléaux : à l'inondation de 1842, qui a jeté à terre des masures remplacées aujourd'hui par des maisons convenables ; au choléra , qui a forcé brutalement les habitants à une propreté relative

Yport étant d'abord une section de Criquebeuf, n'avait ni maire, ni église, ni école. Elevé à la dignité de commune , il voulut une église. L'argent manquait, on emprunta : puis chacun, payant de sa personne, apporta, à un signal, de l'eau, du sable, des cailloux ramassés sur la grève, et l'édifice fut promptement construit.

Il m'a fallu de longues recherches pour déterminer la date de ce zèle religieux, digne des beaux temps de la domination des hommes du Nord.

L'église d'Yport n'appartient pas à la période romane ;

Elle n'est pas de ce beau gothique flamboyant, qui tordait la pierre de mille façons ;

Elle n'appartient pas à la renaissance ;

Elle ne ressemble en rien à un temple grec ou à un biscuit de Savoie ;

C'est une église comme il y en a peu ; c'est une église comme il n'y en a point.

Architecte et yportais se sont bien compris : ils ont voulu faire non une église comme celle-là, non une église comme celle-ci ; mais tout simplement l'église d'Yport : et ils ont très bien réussi.

La chose s'est passée en 1839.

Aux jours de fête, cette petite église se peuple d'une foule fervente, revêtue de ses plus beaux atours ; et parfois, des doigts habiles ne dédaignent pas de s'appuyer sur les touches d'un harmonium, placé en face du chœur.

Yport a un petit échouage défendu par une jetée ; il reçoit des barques de pêche que l'on hisse à terre, comme cela se pratique à Etretat.

Les marins de ce point du littoral font surtout la pêche *aux cordes*.

N.-B.—Un maquereau récemment pêché devant Yport, plongé par les soins d'un indigène, et pendant le temps nécessaire, dans *Q. S.* d'eau de mer, p-r-é-a-l-a-b-l-e-m-e-n-t portée à la température de cent degrés centigrades ou environ, recouvert ensuite d'un mélange de crême fraîche et de beurre de bonne qualité, constitue une préparation qui agit d'une manière agréable sur les houppes nerveuses des palais les plus délicats.

D'YPORT A FÉCAMP.

Deux fois par jour, les vagues battent le pied de la falaise ; mais lorsque la mer se retire, elle laisse à découvert une bande de galet et un vaste plateau de rochers couvert de plantes marines. Des sources s'échappent du sein de la haute muraille formée par des assises régulières de pierres calcaires et de silex ; creusent le roc de cent manières ; se précipitent en petites cascades ; forment de longs chapelets de gouttelettes s'irrisant au soleil et se teignant des couleurs de l'arc - en - ciel ;

glissent et babillent sur le roc, sur le galet, sur des mousses et des lichens aux couleurs sombres. C'est un spectacle vraiment féerique, que rendent plus gracieux encore les masses imposantes qui le dominent.

Dans les hivers rigoureux, les eaux, se congelant, étalent sur le flanc des roches d'immenses miroirs de glace ; sculptent les ornements les plus bizarres ; ou bâtissent de gracieuses colonnades qu'un souffle de la brise du sud abat en un instant.

Les eaux des fontaines dites de Grainval, sont chargées de principes calcaires ; mais elles ne possèdent pas un même degré des propriétés incrustantes : la première, lorsque l'on quitte Yport, est la plus remarquable à ce titre. L'eau, se divisant en minces filets, s'évapore promptement et dépose sur les mousses ténues, un sédiment qui les recouvre en entier tout en laissant voir les plus délicates ramifications de ces plantes finement dentelées.

La spéculation s'est déjà emparée de

l'une de ces sources, qui coule dans un canal, placé sous un tunnel percé dans la craie marneuse, et vient alimenter les fontaines de Fécamp. Deux autres fontaines vont bientôt cesser de jaillir sur les galets et prendre docilement la même route : il faut se hâter si on veut les voir avant qu'elles aient abandonné le cours qu'elles se sont frayé depuis des siècles.

Le vallon de *Grainval* permet de regagner les hauteurs. C'est une belle occasion pour jeter un coup-d'œil sur un spécimen des fermes cauchoises. Une triple enceinte d'arbres touffus met à l'abri des vents de mer une belle *masure* appartenant à M. Dargent, intelligent propriétaire qui a contribué aux progrès de l'agriculture dans notre contrée. A ces terres soigneusement entretenues, peut s'appliquer ce dire d'un Berrichon : « qu'au pays de Caux on ne fait pas de culture, mais du jardinage en grand. » Le troupeau se fait remarquer aussi par la beauté des moutons et la finesse de leur laine.

L'aspect des fermes cauchoises doit sembler étrange au voyageur qui n'a encore vu que des bâtiments d'exploitation enserrés dans de hautes murailles ou agglomérés en villages.

La maison du cultivateur, les granges, les écuries sont placées à quelque distance l'une de l'autre, dans une vaste *cour*, bordée d'un fossé saillant sur lequel deux lignes d'arbres de haute futaie sont plantées. Les pommiers fleurissent à l'abri de ce rempart de verdure naissante sans ressentir les effets des brises de la mer.

Des plaines entrecoupées de vallons entourent ces enclos qui semblent des redoutes destinées à arrêter une armée d'invasion.

C'est plaisir de voir les fermiers cauchois venir au marché dans d'élégantes voitures traînées par des chevaux de luxe : on devine de suite l'aisance due à l'intelligente direction donnée à l'industrie par excellence.

M. Marchand a publié sous ce titre : « Rapport sur la situation de l'agriculture dans le canton de Fécamp, » une brochure remarquable, devenue malheureusement trop rare : on ne doit pas négliger de la consulter lorsque l'on peut s'en procurer un exemplaire.

Au détour du chemin, le clocher de l'*Abbaye* de Fécamp se détache sur la sombre verdure d'une côte élevée, et domine avec majesté le toît des habitations.

Le voyageur aperçoit bientôt une vaste enceinte, où se dessinent de petites éminences régulières. C'est là que, depuis 1789, les générations vieillies, faisant place aux générations nouvelles, reposent leurs os fatigués de ce dur voyage pendant lequel — mieux que des bornes miliaires — les tombes marquent les étapes, et qu'on appelle la vie.

La ville enclosait autrefois les dépouilles de ses habitans : le vivant foulait familièrement le mort ; de jeunes et fraîches marchandes étalaient des fruits et des fleurs sur les pierres tumulaires. Parfois, dans une église, on levait une dalle ; un corps glissait par cette étroite ouverture et l'on gravait sur la pierre un *obiit,* sans que les chrétiens agenouillés aient interrompu leur prière.

Il n'en est plus de même aujourd'hui : ces coutumes anti-hygiéniques nous semblent une profanation.

Le cimetière est placé tout simplement au bord de la route — sur le chemin de guinguettes très fréquentées. — Lorsque les criardes chanterelles des violons convient les jeunes filles à la danse, elles cueillent, pour en parer leur sein, la rose qui s'incline sur le mur ; le soir, le buveur donne de la tête contre la porte . . . .

Un enfant, assis sur le mur, frappait de ses talons la pierre, à intervalles égaux — suivant le rhythme que marquaient les cloches au loin.

Le fossoyeur, presque caché dans le parallélogramme qu'il creusait, achevait en toute hâte sa lugubre tâche. Je le saluai comme je le fais toujours, lorsque je rencontre un de ces terribles ouvriers qui ne chôment jamais.

Le parfum pénétrant d'une plante odo-
rante embaumait l'air ; l'alouette saluait
le soleil de son cri joyeux, et l'enfant chan-
tait — sur la triste mélodie des cloches —
une chanson du pays que nous disions à
l'âge insoucieux où l'on ne sait pas encore
que la vie a un terme :

> Corps mort, viens-t-en,
>
> La terre t'attend !

Pauvre corps, peut-être passes-tu — sous
le drap funèbre qui te recouvre — au milieu
des affairés et des oisifs, sans qu'un seul
te salue.

Naguères plein de force , immobile
aujourd'hui , voyageur au terme de ta
course, qui m'accueilles à l'arrivée, laisses-
tu seulement au monde un cœur aimant
qui se souviendra de toi ?

FÉCAMP.

César, — Diodore de Sicile, — Antonin,
— Tacite, — Pline, — Strabon, — Julien, ne
parlent pas du tout de cette ville.

De ce silence obstiné, un auteur moderne,
membre de plusieurs sociétés d'antiquaires,
a conclu que César était venu à Fécamp
et y avait fait construire une flotte considérable.

Je ne puis vraiment partager cette opinion.

Elle est d'ailleurs combattue par une au-
torité respectable, qui a pour elle la sanction
des siècles : la légende du *Précieux-Sang*.

« Joseph d'Arimathie et Nicodème, dis-
« ciples cachés de Notre Sauveur..... »

Mais je vous conterais mal cette histoire, qui ne peut pas être abrégée. Echangez quinze centimes contre une brochure contenant la légende *in-extenso*. Vous trouverez facilement cet ouvrage, qui a été tiré à un nombre fabuleux d'exemplaires. Il faut cependant apporter un soin scrupuleux dans le choix de l'édition ; tenir compte de l'agencement des titres—des combinaisons ingénieuses de format — de la proportion des marges—de l'originalité des retirations — de l'égalité fabuleuse du tirage, — les typographes du cru ayant dépensé tout leur génie pour se distinguer dans l'exécution de cette publication, connue dans tout l'univers, et aussi répandue que les bibles anglaises. La dernière édition est la plus raisonnable ; partant, la moins complète.

Au temps des rois mérovingiens, vivait dans la vallée, qui ne s'appelait peut-être pas Fécamp, un bonhomme du nom de Bozo, missionnaire chrétien, marié à la gauloise ou galloise Merca. Il construisit un oratoire que Waninge, gouverneur du Pays de Caux, remplaça par un temple. Des maisons se groupèrent autour de ce point central. — Cette origine simple et claire en vaut bien une autre.

Je ne dirai pas comment les hommes du Nord détruisirent l'église et la rebâtirent ensuite; comment William alla conquérir la grande île des Bretons : on m'accuserait peut-être de complicité avec les auteurs trop nombreux qui s'exposent — innocemment, je le veux croire — à corrompre la jeunesse.

La conduite de nos grands pères fut bien un peu blâmable; car ils furent en leur temps grands occiseurs de chrétiens et pillèrent les moustiers. Cependant, les ar-ché-o-lo-gues (¹) ne trouvent pas un couteau rouillé dans une ornière, sans faire aussitôt imprimer—sur papier d'Annonay, avec de belles marges— une relation complète de ces hauts faits, avec des détails… des détails que je ne reproduirai certes pas;

____

(¹) Les ignorants ne savent trop ce que ce mot signifie; les savants ne le comprennent pas du tout.

dussé-je subir le supplice dont furent mena-
cés les faucheurs qui fauchaient le pré devant lequel passa M. le marquis de Carabas.

Or, on sait par quel enchaînement fatal
de circonstances, faciles à prévoir, ces
œuvres pénètrent, sous une forme inoffen-
sive, dans les maisons les mieux closes.

Les bonnes et les petits enfans « grands
lecteurs et curieux inspectateurs » du
moindre chiffon de papier, lisent avidement
ces tragiques histoires.

Puis un beau jour, la cuisinière, l'esprit
tout préoccupé de chroniques normandes,
se trompe et met, au lieu de sel, de la mort-
aux-rats dans le potage !

Je ne dirai pas plus de quel éclat brilla
le monastère sous les ducs normands.

Mais on peut consulter :

Les manuscrits de la Bibliothèque impé-
riale (selon ouï dire) ;

Le *Gallia Christiana* ;

Le *Neustria Pia* ;

La Chronique de Sarrasin ;

La description de la Haute-Normandie,
par Duplessis ;

L'histoire de Normandie, par Licquet ;

L'histoire de Normandie, par Depping ;

La description de la Normandie, par Guilmeth ;

Le guide du voyageur à Fécamp, par B. Germain ;

La Normandie pittoresque, publiée par Morlent ;

Les esquisses sur Fécamp ou Fécan (*sic*), par Marette ;

L'essai sur l'Abbaye de Fécamp, par Leroux de Lincy ;

L'histoire de Fécamp, par Falluc ;

Les Eglises de l'arrondissement du Havre, par l'abbé Cochet ;

Un feuilleton, signé Déha, publié en 1852 par le *Journal de Fécamp,* œuvre d'un style inimitable et d'une fabuleuse précision.

J'oublie encore une centaine d'ouvrages, que chacun a nécessairement sous la main.

A Fécamp, les femmes portaient une riche coiffure ornée de paillettes et de dentelles de prix, qui rappelait la forme du hennin du temps de Charles VI, et les dessinateurs croient encore faire de la couleur locale à l'occasion de cette mode, qui n'existe plus depuis longtemps. On ne voit plus, dans notre contrée, que les disgracieux chiffons, qualifiés par les journaux de modes du nom de chapeau, ou des bonnets flasques et enrubannés. Le costume des cauchoises était pourtant d'une rare élégance et avait valu à cette contrée, de la part de nos galans grands-pères, le nom de Géorgie de la France : il contribuait à faire valoir le type de force et de fraîcheur qui s'est conservé longtemps. On disait bien déjà, tout bas, que peu de femmes montraient de belles dents ; et Lépech de la Cloture n'a pas manqué de recueillir cette observation malveillante. Il pensait que les cauchoises — vraies filles d'Ève — portaient la peine de leur penchant pour le fruit qui, dès l'origine du monde, fut fatal au genre humain.

Des modes d'autrefois, que de choses l'on doit regretter ! Que ces belles croix d'or, capricieusement découpées, faisaient bien lorsqu'elles s'étalaient sur de riches poitrines. Hélas ! elles ont été presque toutes dévorées par le creuset destructeur, et c'est à peine si les femmes de goût peuvent se procurer, aujourd'hui, quelques débris échappés au fourneau du fondeur.

Qui rendra aux femmes ces beaux atours du temps passé ? aux hommes l'habit à la française, les larges boucles aux souliers, et ce vêtement nécessaire—que les anglaises ne savent pas nommer — dont la coupe heureuse laissait voir le développement musculeux qui place notre espèce au premier rang de l'échelle des êtres!

Le côté moral de la population mériterait bien une étude ; mais je ne suis pas assez observateur pour aborder ce point vraiment délicat. Je puis cependant emprunter à un autre bonhomme (¹) quelques chapitres dont je lui laisse toute la responsabilité. Ce n'est pas seulement de Fécamp qu'il s'agit, comme on va le voir :

« Le monde entier sait que la franchise

(¹) *Revue rétrospective*, par E. de la Querière. Rouen, 1853.

« n'est pas la vertu familière du normand.

« Il y a longtemps qu'on lui impute le
« défaut de ne pouvoir dire ni oui, ni non,
« ni nenni. Si vous demandez à un paysan
« cauchois, par exemple, comment il trouve
« telle denrée, tel objet quelconque, d'une
« qualité vraiment supérieure ; constam-
« ment il répondra par cette phrase très-
« équivoque : Ce n'est pas mauvais. Jamais
« vous ne pourrez lui arracher un véritable
« éloge, comme si il y eût du danger pour
« lui à laisser échapper son secret conten-
« tement , même dans une affaire où ses
« intérêts ne sont pas en jeu.

« Jamais le paysan cauchois n'ira directe-
« ment à son but, ne traitera franchement
« une affaire. Vous le verrez toujours biai-
« ser, prendre un long détour , sonder le
« terrain avec précaution , pour ne pas
« s'aventurer ; enfin, n'aborder le sujet qui
« l'amène qu'après avoir épuisé tous les
« moyens de vous mettre sur la voie d'en-
« tamer, vous le premier, la question qui
« l'intéresse et à laquelle il vous laissait
« venir si patiemment, si cauteleusement.

« Pour tout dire, ce manége n'est pas
« seulement employé par des esprits in-
« cultes ; il est dans les allures, dans les
« habitudes du pays et de la province en
« général. Aussi les normands passent-ils,
« à juste titre, pour des gens très-fins, très-
« habiles et très-subtils à l'endroit de leurs
« intérêts.

« Il est dans la nature de l'homme
« d'affectionner les objets qui lui ont coûté
« le plus de peine... Ne soyons donc pas
« surpris si beaucoup de gens sacrifient au
« Dieu qu'ils ont rêvé toute leur vie. Pour
« eux tout se résume par de l'argent, beau-
« coup d'argent, immensément d'argent :
« non pas de l'argent pour en user ; mais
« de l'argent, trop souvent, pour en faire
« l'objet d'une sorte de culte ; de l'argent
« pour en augmenter la masse, sans cesse
« ni trève, et jusqu'à la mort. »

Voilà l'opinion d'un esprit chagrin, qui
grossit, sans nul doute, les traits de son
modèle. Je me bornerai à une seule observation. A Fécamp, chacun veut avoir
une maison entière à soi ; rarement deux

familles peuvent-elles vivre en bon accord sous le même toît : la vie est murée, les rapports peu fréquents ; il y a enfin sur la ville comme un reflet des habitudes monastiques.

Fécamp est bâtie dans une vallée assez large, dominée par des côtes longtemps recouvertes de forêts, que le sol appauvri a laissé disparaître. Deux cours d'eau prenant leur source, l'un à Valmont, l'autre au Bec-de-Mortagne, se réunissent, après avoir reçu l'eau de sources nombreuses (¹) et se jettent dans la Retenue, vaste marais circonscrit par des alluvions. Le sol est très inégal : dans certains quartiers, où il dépasse à peine le niveau des hautes marées, il suffit de creuser à un ou deux mètres pour atteindre la nappe d'eau douce; dans d'autres quartiers, la profondeur des puits atteint huit et même seize mètres.

(¹) Voir l'ouvrage intitulé : *Des Eaux potables,* par E. Marchand, inséré dans les Mémoires de l'Académie de Médecine, et publié ensuite en un vol. in-4º. Paris. Baillère, 1855.

La ville s'étend sur une longueur de quatre kilomètres. On a longtemps affirmé qu'elle ne possédait qu'une seule rue; erreur bien pardonnable à ceux qui la traversaient en voiture et ne la voyaient que par une portière.

Pour les uns, c'est une ville laide—malpropre — mal bâtie — mal alignée — mal pavée : — un trou.

Pour les autres, une ville gentille — proprette—dont les rues sont suffisamment larges.

Comme partout, il est vrai, on y trouve de vilaines et dégoûtantes rues ; le pavé pédicide, que l'auteur des Sept Châteaux du roi de Bohême redoutait avec raison pour les pantoufles, recouvre encore un trop grand nombre de rues ; mais la ville plaît assez à ceux qui y séjournent quelque temps.

Depuis trente ans, Fécamp a changé d'aspect ; ce n'est plus cette cité sombre et sale, entourée de hautes montagnes incultes, qui causait une impression si désagréable aux voyageurs. Elle a suivi la loi du progrès ; et si les améliorations viennent lentement, elles se succèdent, du moins, sans interruption.

On s'étonne, à bon droit, du peu de largeur du quartier où l'église principale et l'Hôtel-de-Ville sont placés, et de ce qu'il est relativement peu peuplé. Ce fait s'explique facilement. Le monastère, dont les dépendances occupaient un espace considérable, coupait la ville en deux parties, qui n'ont commencé à se rejoindre qu'après la vente des biens nationaux et leur partage entre un grand nombre de particuliers. Une voie transversale, destinée à assurer le libre écoulement des eaux pluviales, a déjà produit le meilleur effet ; et les nouvelles rues que l'on sera forcé d'ouvrir pour rendre plus facile l'accès de l'embarcadère du chemin de fer, viendront bientôt compléter l'œuvre.

A de rares exceptions près, les maisons sont modestes et n'ont pas exigé de grands efforts d'imagination de la part des maçons qui les ont construites : elles s'étendent assez à l'aise, n'ont que deux étages au-

dessus du rez-de-chaussée , et sont, pour
la plupart, accompagnées d'un jardin, petit
ou grand.

Le jardin envahit jusqu'aux vieux remparts normands, au milieu desquels le chemin de fer fait une large trouée. Les
giroflées aux pétales d'or , les œillets pur-
purins , glissent leurs racines dans le
mortier désagrégé par l'air de la mer et
s'étalent au sommet des murs. De toutes
parts on aperçoit des coteaux, couverts de
moissons , de plantureux *jardinages* et
d'ajoncs.

Les vents dominans balayant la vallée,
ouverte de l'est à l'ouest , les miasmes
n'y séjournent pas et le pays est très-sa-
lubre.

L'industrie ne pouvait guères se déve-
lopper dans une contrée soumise à la
domination monastique ; aussi , pendant
longtemps , l'histoire de l'abbaye fut-elle
celle de la ville : les écrivains ne s'occupant
que de nombrer les abbés et de narrer
leurs faits et gestes.

Toutefois, si il est difficile de se rendre compte de l'état du commerce maritime avant le XVIIIe siècle, il est permis de supposer avec Noël (¹) que, dès le moyen-âge, les marins de Fécamp s'occupaient non seulement de la pêche, mais encore de la préparation du hareng et du maquereau.

Cependant, certains auteurs ont donné au port de Fécamp une importance fabuleuse. Ils en ont fait le principal point d'embarquement pour l'Angleterre, sous la domination normande ; ils ont voulu y loger une flotte de neuf cents voiles, et ont inventé maint autre conte à dormir debout.

Tout prouve au contraire que ce point maritime est de nouvelle création.

Lorsque « de Bethencourt se partit de son hostel de Grainville-la-Teinturière, en Caulx, pour aller au païs des Canarres » — où Me Leverrier « prestre et domestique dudit Bethencourt », vit les choses étranges qu'il a couchées par écrit — il s'embarqua à La Rochelle ; après l'expédition qui le fit roi

(¹) *Essai sur le département de la Seine-Inférieure.*

des Canaries, il prit terre à Harfleur : non au port voisin de son logis. Harfleur, la ville aux galions ; Honfleur (où le bonhomme Pantagruel s'embarqua pour le pays des Dipsodes) ; Dieppe ; envoyaient des vaisseaux vers des terres inconnues. L'audace de leurs navigateurs leur assurait des relations lointaines. Ango vengeait en roi l'insulte faite à ses vaisseaux par un roi.

Qui parle de Fécamp pendant cela ? — Un receveur de l'abbaye se plaignant que le port coûtait plus à maintenir et à garder qu'il ne valait (¹).

Il se forme facilement, à l'embouchure des rivières dont le volume est peu considérable, des bancs que des attérissemens successifs émergent, et qui se trouvent minés ou augmentés alternativement par l'action des vagues. C'est là l'origine du barrage de cailloux roulés qui sépare le port de Fécamp de la mer. L'eau se frayait un passage de chaque côté de ce

(¹) Document cité par M. Fallue, dans son Histoire de Fécamp.

banc, formant ainsi deux passes très-variables, pratiquées ou abandonnées, selon le tirant d'eau qu'elles présentaient. On a dû se contenter longtemps de l'échouage abrité par cette digue naturelle, et même si la passe a été d'abord fixée au sud — comme le veut la tradition — les marins n'en ont pas moins conservé longtemps l'habitude de hisser leurs barques sur la plage, comme cela se pratique à Yport et à Etretat. (¹)

Au XIIIe siècle — alors que les habitans de Veulettes s'engageaient à construire un havre; que les moines de Fécamp barraient la vallée de Palluel — on fit quelques travaux au port de Fécamp.

D'après les termes d'une donation, on peut affirmer que le port n'existait pas: ce n'était encore qu'une baie fermée par une digue, où les bateaux échouaient sur la vase. (²)

____

(¹) Il y a une quinzaine d'années, la mer ayant miné le galet, mit à découvert, près de la jetée du Nord, un puits de maçonnerie qui avait été construit pour servir de point d'appui à un cabestan.

(²) Fallue (*loco cit.*).

Au xive siècle, on exécuta des réparations qui furent payées à l'aide d'un impôt frappé sur les boissons.

Au xve siècle — pendant la domination anglaise — la retenue du dixième, exercée sur la vente du hareng, etc., produisait si peu qu'elle ne couvrait pas les dépenses. On fit néanmoins des travaux pour retenir l'eau et nettoyer le chenal.

Henri II accorda aux pêcheurs la franchise des droits sur le sel employé par eux à la salaison des harengs, des maquereaux et des morues. Jusqu'alors, ce privilége n'avait été donné qu'à Dieppe. Les habitans prirent alors l'engagement de contribuer pour moitié aux dépenses du port.

En 1591, il fallut déblayer l'entrée encombrée par la jetée d'aval. Il y avait donc deux jetées ; mais rien ne nous indique comment elles étaient construites, où elles étaient placées.

Une réclamation d'un fermier (1592), citée par M. Fallue, porte que « le trafic de la marine était délaissé par le rompement des port et barres du havre. » D'autres ré-

clamations indiquent que plusieurs maisons, édifiées entre les deux barres, avaient
été démolies pendant la guerre.

Les commerçans refusèrent, en 1683,
d'acquitter les droits de vicomté, perçus
au profit de l'abbaye, qui obtint contre eux
une sentence de l'amirauté ; les habitans
ne se soumettant pas à cette décision, les
moines s'adressèrent à l'intendant de la
marine, qui, malgré une charte de Richard
II, donna gain de cause aux récalcitrans.
Le vicomte de la mer fut remplacé par
un receveur des droits de l'amirauté.

Lorsque les anglais bombardèrent Dieppe
et le Havre, en 1694, ils ne daignèrent pas
attaquer Fécamp. On l'avait pourtant mis
en état de défense. Le fort du cap Fagnet
conservait encore, il y a quelques années,
les trois pièces de canon en bronze, à la
devise de Louis XIV, qu'on y avait placées
alors. On construisit en aval le fort *Samson,*
détruit aujourd'hui, et auquel les habitans
ont toujours donné le nom de Batifol. (¹)

Des travaux importans vont bientôt

(¹) Les cauchois prononcent *Batifau.*

donner au port la configuration qui lui a été conservée. On peut dire, en effet, qu'il a été commencé en 1710 , sur les indications de Vauban, qui fixa définitivement la passe au nord.

Les travaux furent menés avec lenteur. En 1718 , l'entrepreneur des *ouvrages du roi* se plaignait des malveillans qui—aigris peut-être par la part contributive demandée à la ville — « rompaient les bois et écornaient les pierres » (1). En 1721 , les écluses de chasse devaient être établies, mais le flot montait sur une partie du Grand-Quai , dont la muraille n'était pas achevée en 1738 : quatre navires y trouvaient à peine place, et il fallait, lorsqu'il en arrivait un plus grand nombre, les mettre bout-à-quai. Il en était encore ainsi en 1741.

Malgré l'énorme masse d'eau enfermée

(2) Les notes que j'ai recueillies sur les travaux du port, le commerce et la pêche, pendant le xviiie siècle, ont été puisées dans les registres de l'Amirauté , que M. Lemaître, président du Tribunal de Commerce, a eu l'obligeance de mettre à ma disposition.

dans la Retenue, l'effet des chasses fut d'abord peu satisfaisant. Le remous, amoncelant les galets, forma, au milieu du port, une île sur laquelle les navires venaient prendre leur lest.

La jetée du sud paraît sur les plans en 1774 ; elle fut bientôt renversée par la mer, et on fonda, en 1793, une nouvelle jetée en pierre.

Ce travail présenta de grandes difficultés : il ne fut achevé qu'en 1825. « La « mer, dit M. Ducrot, l'entoure de tous « côtés, l'accès en est presqu'impossible ; « le galet roule en grandes masses par « dessus les ouvrages ; c'est avec la plus « grande peine qu'on parvient à le maîtri- « ser au moyen de digues de garantie et « de jetées basses en charpente. Le chenal, « dans ce désordre, menace de se reporter « au sud de la construction. »

C'était là une terrible lutte ; car on l'a dit avec raison, c'est à Fécamp que l'on peut voir la mer dans toute sa beauté ou plutôt dans toute son horreur. Les vagues blanchissent au loin, se pressent, s'amon-

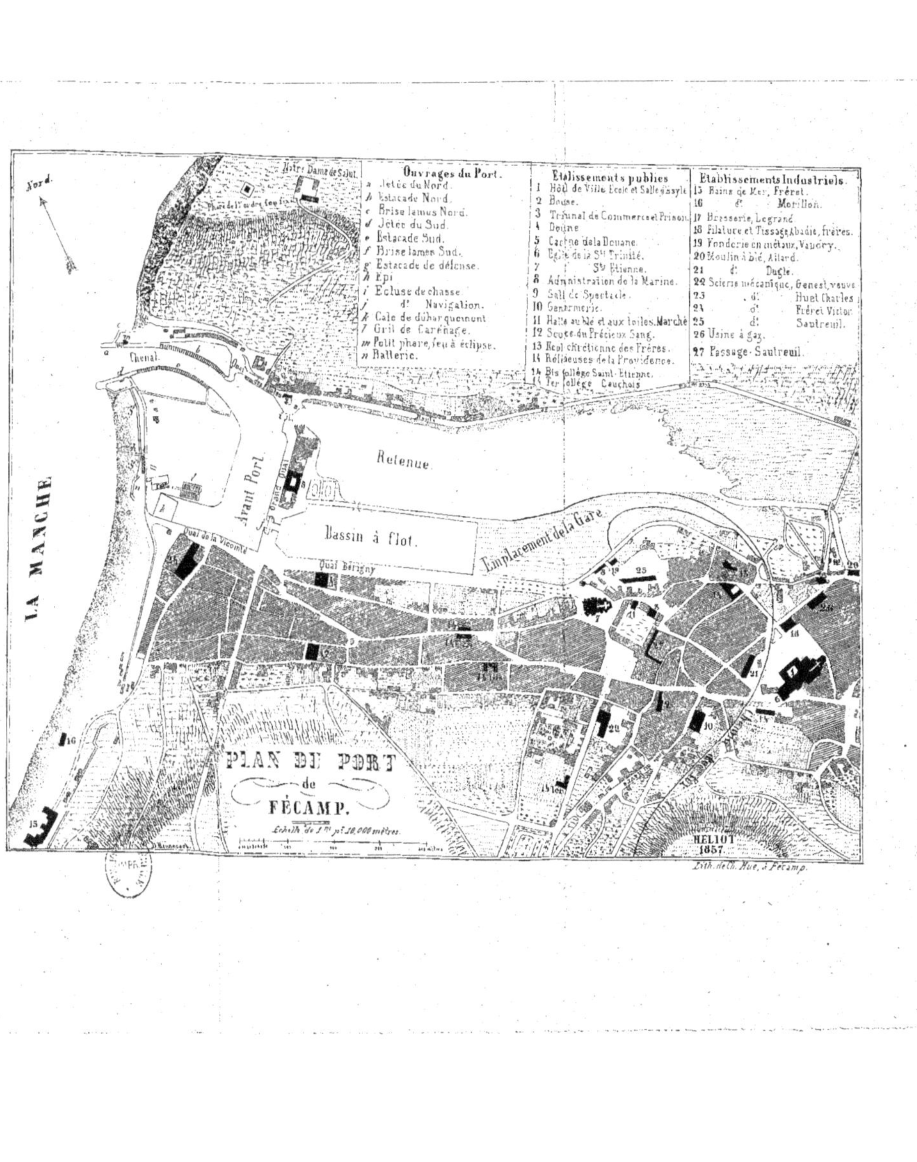

Nord.

LA MANCHE

Ntre Dame de Salut.
Phare de l'ou du feu fixe
Chenal.
Avant Port.
Quai de la Vicomté
Quai Berigny
Retenue.
Bassin à flot.
Emplacement de la Gare.

Ouvrages du Port.
a Jetée du Nord.
b Estacade Nord.
c Brise lames Nord.
d Jetée du Sud.
e Estacade Sud.
f Brise lames Sud.
g Estacade de défense.
h Epi
i Ecluse de chasse
j   d°   Navigation.
k Cale de débarquement
l Gril de Carénage.
m Petit phare, feu à éclipse.
n Batterie.

Etablissements publics
1 Hôd de Ville Ecole et Salle d'asyle
2 Bourse.
3 Tribunal de Commerce et Prison.
4 Douane
5 Caerne de la Douane.
6 Eglise de la Ste Trinité.
7   Ste Etienne.
8 Administration de la Marine.
9 Sall de Spectacle.
10 Gendarmerie.
11 Halle au blé et aux toiles. Marché
12 Soute du Précieux Sang.
13 Ecol chrétienne des Frères.
14 Réligieuses de la Providence.
14 Bis Collège Saint-Etienne.
14 Ter Collège Cauchois

Etablissements Industriels.
15 Bains de Mer, Fréret.
16   d°   Morillon.
17 Brasserie, Legrand
18 Filature et Tissage Abadie, frères.
19 Fonderie en métaux, Vaudry.
20 Moulin à blé, Allard.
21   d°   Dugle.
22 Scierie mécanique, Genest, veuve
23   d°   Huet Charles
24   d°   Fréret Victor.
25   d°   Sautreuil.
26 Usine à gaz.
27 Passage-Sautreuil.

PLAN DU PORT
de
FÉCAMP.
Echelle de 1m p! 10.000 mètres.

HELIOT
1857.
Lith. de Ch. Hue, à Fécamp.

cèlent, arrivent menaçantes et furieuses, couvrent les jetées et s'élancent contre le pharillon, dont elles couvrent la lanterne d'un voile d'écume.

On est cependant parvenu, en suivant les indications de Lamblardie et à l'aide de travaux tout récens, à rendre l'entrée sûre et facile. Les lames, brisées par un ingénieux système d'estacades à claire-voie, s'abaissent dans le chenal et rident à peine la surface de l'eau contenue dans l'avant-port.

Le plan que je joins à cette notice fera bien apprécier la valeur des travaux dont les plus considérables ont été accomplis depuis 1830. On exécute et l'on projette d'importantes améliorations qui ne se feront pas attendre.

Sans nul doute, l'établissement d'une gare à proximité du port va donner une impulsion nouvelle aux relations maritimes, et le bassin actuel ne suffira plus aux navires qui apporteront les charbons anglais et les bois du Nord. Il faudra donc prolonger les quais le long des remblais opérés pour recevoir l'embarcadère, et la ville s'étendra, dans le sens de sa largeur, sur des terrains où les vaches broutent l'herbe. Il y a là tout un quartier à créer. — Dieu veuille que quelque hardi spéculateur s'empare de cette idée et couvre les alluvions d'un réseau de rues.

Le chenal, ouvert à l'ouest, est situé à 49° 45' 56" de latitude et 1° 58' 15" de longitude O.

Établissement pratique de la marée : 10 h. 30 m.; théorique : 10 h. 21 m.

Les conditions dans lesquelles se faisait la pêche côtière, dans la première moitié du XVIIIe siècle, méritent d'être rapportées. Cette industrie, presqu'abandonnée, employait, à Saint-Jouin, à Étretat, à Yport, à Saint-Pierre, aux Dalles, un grand nombre de barques de six à huit tonneaux, dont les équipages se mettaient fréquemment en contravention avec l'ordonnance de 1681, qui défendait la pêche du hareng après le premier janvier. Tous ces ports d'échouage étaient garnis de cabestans.

Le poisson était porté à Rouen et à Paris sur des chevaux conduits par des chasse-marée.

La pêche des soles, seule, employait six barques à Saint-Jouin. J'ai eu sous les yeux un acte par lequel le pourvoyeur du roi s'engageait (1727, modifié en 1728) à payer, pendant le carême, cinq livres dix sols de la paire de soles « dont la longueur est marquée d'un couteau sur le bord du bateau. »

Fécamp armait, pour la pêche du maquereau et du hareng, de grandes barques montées par de nombreux équipages, et que l'on nommait caravelles, gondoles, etc. Comme cela se fait encore, les bénéfices étaient partagés. Je lis dans une déposition (1719) « ... et que de temps immémorial, il y a un tiers pour le navire, un tiers pour l'équipage et un tiers pour la vic-tuaille. » Pour la pêche côtière du hareng, les bateaux laissaient leurs filets mouil-lés jusqu'à la marée suivante et sortaient de nouveau pour les haler à bord (1707).

Le premier voyage à Terre-Neuve, dont

il soit fait mention dans les pièces que j'ai consultées, date de 1719. J'ignore si les navires de Fécamp avaient tenté cette navigation à une époque antérieure. Jusqu'en 1789, la pêche s'est faite à la dérive. Tandis que le navire obéissait au courant, chaque matelot, placé dans un baril, tenait une ligne qu'une masse de plomb faisait couler à la profondeur voulue. Pendant sept mois et plus, les hommes restaient, dans une immobilité presque complète, exposés à toutes les intempéries d'un rude climat. Le scorbut faisait de terribles ravages, que la science très-restreinte du chirurgien était impuissante à combattre ; car, comme le dit le commentaire de l'ordonnance de 1681, on pouvait n'embarquer qu'un simple *frater*.

L'équipage se composait d'un capitaine, d'un pilote, d'un contre-maître, d'un chirurgien, d'un charpentier, d'un saleur, de six ou huit matelots et d'un mousse ou garçon de chambre.

La nourriture était si mauvaise, que le procureur du roi dût exercer (1734) des poursuites contre les armateurs qui fournissaient des vivres de mauvaise qualité ou en quantité insuffisante.

Le capitaine Sabot, de Dieppe, employa le premier les lignes de fond, dont les pêcheurs normands avaient l'habitude de se servir dans la Manche, et jeta l'ancre sur le banc en 1789. Cette tentative eut un plein succès, et l'auteur fit, dans la même année, deux fructueux voyages (1). Chacun s'empressa de suivre l'exemple de l'ingénieux dieppois et, bien que le gouvernement défendît d'employer une méthode qui exposait, disait-on, à de grands dangers les hommes allant tendre les lignes, le nombre des armemens pour Terre-Neuve allait devenir considérable, lorsque la guerre rendit impossible ces expéditions.

A la fin du xviiie siècle, Fécamp entretenait quelques relations avec les colonies où les marchands envoyaient des pacotilles ; les caboteurs apportaient des vins,

(1) Voir une note, communiquée par un négociant de Fécamp, et insérée dans l'annuaire de l'Association normande. 1850.

des eaux-de-vie, des goudrons, des houilles, des cotons, des cidres, du sel, des bois, des fromages, de la graine de lin de Hollande, etc.

Les navires anglais s'approvisionaient de thé à l'entrepôt (1765). En 1780, Fécamp fut compris au nombre des quatre ports où, pendant la guerre, les *smugglers* pouvaient aborder en fournissant caution et en se soumettant à diverses formalités.

D'après Noël, 51 bateaux armèrent, en 1781, pour la pêche du hareng et rapportèrent 3,252 last de poisson, qui furent vendus 866,707 livres. Le nombre des bateaux envoyés à la pêche du maquereau s'éleva à 42, qui rapportèrent 1,806,200 poissons, d'une valeur de 358,725 livres. Il ne donne pas de chiffre pour Terre-Neuve; mais il dit seulement que cette pêche se soutenait bien. La maison Bérigny, seule, armait douze ou quatorze terre-neuviers.

Les habitans du littoral s'abattaient sur les débris des navires naufragés et pillaient les marchandises. Je consignerai seulement quelques-uns de ces actes de sauvagerie trop connus sur nos côtes :

1731. — Un navire échoue à Etigues, se brise et il est impossible d'en reconnaître la nationalité. Une femme est convaincue d'avoir dépouillé et laissé nus sur la grève deux cadavres : elle est fouettée, sur le quai, par l'exécuteur des œuvres criminelles.

1733.—A la suite d'un naufrage, toutes les ménagères avaient eu soin de faire leur provision de beurre. Le procureur du roi va inspecter tous les pots beurriers, et met en prison un grand nombre de femmes trop prévoyantes.

1749.—L'*Heureuse-Marie*, de Marseille, se met à la côte, près d'Etretat. Des pillards, armés de fusils, livrent combat aux gardiens envoyés par l'amirauté, les mettent en fuite et volent des cotons filés, du savon, etc. La valeur du chargement étant très-considérable, l'archevêque de Rouen vient en aide à la justice séculière et lance des monitoires contre ceux qui gardent des marchandises dérobées. La liste des restitutions est longue et tient tout un gros registre.

1772. — A la suite d'une longue tempête, un navire se brise auprès de Fécamp. Un homme, ceint d'une corde que tiennent trois complices, se jette dans les flots, s'empare d'une foule d'objets, roule à terre une barrique d'huile qui est enlevée aussitôt. C'était, dit la plainte formulée par le procureur du roi, un ecclésiastique resté inconnu.

Durant les guerres maritimes de la république et de l'empire, le port fut fréquenté par les corsaires. La pêche côtière survécut aux autres entreprises et l'on construisit, pour cet usage, un grand nombre de yoles. C'étaient d'élégantes embarcations à clins (1) qui portaient une voilure énorme, et dont la misaine, s'alongeant sur un beaupré incliné, plongeait dans la vague.

Depuis 1830, le commerce a pris un

(1) A bordages superposés.

accroissement rapide, et aujourd'hui, grâce à la prolongation de la ligne de fer, l'avenir du port est assuré. Ce ne seront plus les navires qui manqueront aux bassins, mais les bassins qui manqueront aux navires.

Le port de Fécamp emploie à la navigation de long-cours six navires, jaugeant ensemble 1,710 tonneaux 85 centièmes ; il compte 25 caboteurs, jaugeant 2,287 tonneaux 92.

La pêche du maquereau est faite par 26 bateaux, jaugeant 1,722 tonneaux 91 c., et la pêche du hareng par un nombre à peu près égal de bateaux du même tonnage. La pêche de la morue dans les mers d'Islande, par 4 navires, jaugeant 245 tonneaux.

Les terre-neuviers qui font la campagne de 1857 sont au nombre de 31 et jaugent 7,946 tonneaux.

Les navires qui vont à Terre-Neuve sont, pour la plupart, d'une construction élégante, gréés avec soin, et pourraient être employés pour les voyages de long-cours. Presque tous font leur retour à Cette :

le produit est de 6 à 7 millions de kilo-grammes de poisson salé à bord.

Le port de Fécamp reçoit en outre un assez grand nombre de navires étrangers qui importent des houilles, des bois du nord, des goudrons, de la graine de lin, etc.

Enfin, pour en finir avec tous ces détails de statistique, Fécamp compte :

Sept Filatures de coton, mues simulta-nément par l'eau et la vapeur.

Trois Tisserie mécanique ;

Quatre scieries mécaniques (¹) dont l'une appartient à M. Sautreuil, inventeur d'in-génieuses machines à raboter, et d'une machine à scier les courbes, qui a obtenu, à Londres, une médaille de deuxième classe, et à Paris, une médaille d'argent.

Quatre Minoteries à moteur hydraulique;

Trois Moulins à l'huile ;

Deux Brasseries de bière ;

(¹) Le vaste établissement de M. Fréret, où se trou-vait entassée une grande quantité de bois, a été détruit par les flammes, le 13 mars 1857. Il a été reconstruit de suite.

Une Fonderie de cuivre, fonte et fer ;

Quatre Constructeurs de machines ;

Quatre Constructeurs de navires ;

Il existe encore dans le canton, outre les Moulins à blé et à fabriquer l'huile de colza, une Distillerie, à Saint-Léonard, et une importante filature de lin à Gerville.

On trouve en outre, à Fécamp :

Un Pensionnat de demoiselles ;

Deux Pensionnats de garçons ;

Tribunal de Commerce ; Justice de Paix ; Ingénieur des Ponts-et-Chaussées ; Recette principale des Douanes ; Brigade de gendarmerie, etc.

La population atteint le chiffre de 10,921 âmes.

FÉCAMP.

Une chapelle, construite au XIIe siècle, sur la côte de la Vierge, par le normand Baldwin, et mainte fois remaniée depuis, a longtemps servi d'amer aux marins, qui voient poindre son clocher avant d'apercevoir la terre.

Elle est l'objet de nombreux pèlerinages: mais c'est surtout le vingt-cinq mars, jour *d'assemblée*, et le mardi qui suit la fête de la Trinité, qu'elle reçoit le plus de visiteurs. Ce dernier pèlerinage s'est maintenu — au dire des moines chroniqueurs —en mémoire d'une épidémie dont les habitans d'Yvetot furent délivrés par l'intercession de N.-D.-de-Salut.

Les pèlerins visitent encore pieusement une source, jaillissant à l'endroit où l'on prétend que la mer déposa un arbre qui renfermait le sang recueilli sur les plaies de Jésus-Christ ; mais ils ne se contentent pas de cela; et parfois — comme à Saint-Denis-d'Héricourt , comme à Rolleville — on plonge dans cette eau glacée de malheureux enfans rachitiques ou affligés de l'une de ces éruptions si fréquentes pendant les premières années de la vie. Quoique ce vestige des superstitions druidiques entraîne de graves accidents, il reste, malgré tout, enraciné dans l'esprit d'un grand nombre de personnes.

Un beau phare à feu fixe et de premier ordre est allumé chaque soir depuis 1836. Il est placé non loin de la falaise ; sa lanterne s'élève à cent trente mètres au-dessus de la haute mer, et on l'aperçoit, par un beau temps , à une distance de dix-huit milles marins. Il correspond avec les feux de la Hève et d'Ailly.

On a trouvé, en creusant les fondations de ce phare, un sou marqué à l'effigie de Louis XII, et l'on en a bien vite conclu qu'un certain bourg Beaudouin — dont on parle beaucoup sans savoir ce que c'était — comptait encore des habitans sous le règne du roi surnommé le juste, à cause de son adresse au tir de l'arquebuse.

Les ligueurs avaient construit sur cette hauteur — encore boisée à la fin du XVIe siècle — une forteresse qui fut prise par Bois-Rosé ou Bosc-Rosé, et détruite quelques années après.

Cette merveilleuse histoire a été narrée, redite, refaite par je ne sais combien d'auteurs ; ce qui m'autorise à la raconter en peu de mots.

Bois-Rosé voyant que le fort du Bourg-Beaudouin - de - Bos était soigneusement gardé du côté de terre, pendant que la garnison ne mettait pas même une sentinelle sur la falaise, résolut de l'enlever par le seul point qui paraissait inaccessible.

Rude était l'entreprise ; car il lui fallait gravir un mur naturel de trois cents toises de haut, d'après Palma-Cayet, — de cent toises, au dire de Sully, — de cent onze mètres vingt-cinq centimètres, selon M. Ducrot.

L'audacieux capitaine réussit à corrompre deux soldats qui lui jetèrent, par une nuit obscure, une corde à l'aide de laquelle ils tirèrent à eux un solide câble, muni d'échelons, qu'ils fixèrent à une embrasure. Il ordonna à cinquante hommes qui l'accompagnaient de monter devant lui, et il mettait à peine le pied sur le premier échelon, que la mer emportait les barques et avec elles tout moyen de fuite. A mi-chemin, le cœur manquant au sergent qui menait la colonne, Bois-Rosé, grimpa sur les épaules de ses compagnons, arriva jusqu'à lui, le menaça d'un poignard et le contraignit d'avancer. Les aventuriers pénétrèrent dans le fort avant le jour et se rendirent maîtres de la garnison.

L'histoire a enregistré peu de faits aussi remarquables, et parmi les héros de l'antiquité, tant vantés par les barbacoles...

Je me retournai alors et je vis un monsieur très-sèchement vêtu, qui — tenant le pouce et l'index élevés et rapprochés d'une façon emblématique — curieusement regardait mon papier : il ouvrit les doigts, et un grain de tabac me tomba dans l'œil.

Pensez-vous, me dit-il, qu'un léger cordeau, long seulement de cent onze mètres vingt-cinq centimètres, et de taille à porter cinquante hommes — maigres, il est vrai, comme il convient à des aventuriers (les obèses étant dormeurs et flegmatiques de leur nature) — fut bien facile à manier pour deux soldats.

Il m'a toujours semblé, continua-t-il, qu'il y avait alors d'énormes rochers superposés...

Je l'interrompis et lui représentai doucement que si Alexandre, Hercule, Pichrocole, Horatius, Don Quichotte, avaient fait toutes choses faciles, on n'en parlerait pas du tout. Il convient d'ailleurs de croire tout cas merveilleux, relaté en lettres moulées.

Palma-Cayet est bien un peu obscur lorsqu'il parle « d'une escalade composée d'un « artifice admirable qu'il (Bois-Rosé) planta « le long du rocher, du côté de la mer ; » du temps qu'il mit « à faire une lieue de « chemin, planter les échelles ; » mais Sully se fait dire par son secrétaire — j'ignore lequel, le bonhomme en ayant eu une douzaine — « l'une desquelles opportuni- « tés ledit sieur Bois-Rosé ayant choisi et « fait accommoder auparavant un gros câble, « *qu'il vous a fait voir plusieurs fois* à « Rouen, de hauteur commode pour le « roc qu'il voulait gravir, et à iceluy, d'es- « pace en espace, fait faire des nœuds pour « se tenir des mains, et des estriers de « corde avec des petits bâtons, pour y « apposer les pieds, il rassembla cinquante « soldats des plus déterminés de sa connais- « sance, la plupart matelots qui grimpent « aux hunes, lesquels il avait esprouvés en « plusieurs périls. »

Bois-Rosé était d'ailleurs un rude gaillard : il fit des siennes au siége de Rouen.

Bien qu'il ait été tué en duel, auprès d'Étretat, les historiens nous apprennent qu'il mourut paisiblement dans sa terre de Limpiville, après avoir fait construire un moulin.

Cette partie de la falaise mérite d'attirer l'attention des voyageurs, et cependant elle est à peine connue d'un petit nombre d'habitans du pays. C'est que l'accès de cette partie du littoral n'est possible que lorsque la mer se retire assez pour que l'on puisse franchir à peu près à pied sec le passage qui se trouve situé au pied de la partie saillante du *heurt* de Fécamp : il n'en serait pas ainsi si l'on avait, pour les pêcheurs et pour les curieux, la même sollicitude qu'à Étretat. Il serait facile, en effet, d'établir une communication soit par un tunnel, soit par un sentier passant au-dessus du barrage naturel qui interrompt la voie.

La falaise de Fécamp se désagrège facilement, et de temps à autre, d'énormes masses de pierres se détachent et roulent sur le plateau qui formait la base de la montagne, lorsqu'elle s'avançait dans la mer. Certaines parties, plus solides, ont résisté à l'effort des vagues qui les ont creusées ou sculptées d'une façon bizarre. C'est d'abord le *Trou-au-Chien*, dont la lourde voûte est soutenue par plusieurs piliers courts et massifs ; puis la *Porte-au-Roi*, sorte de nef d'où la vue s'étend sur des roches bombées et galbées, dont l'imagination de nos aïeux avait fait les siéges de géants qui se réunissaient là vers le soir. Enfin, la *Porte-à-la-Reine*, arcade élevée et bizarre servant de cadre aux parties de falaise que l'on a admirées chemin faisant.

J'avouerai humblement que je ne sais pas à quelle visite royale ces deux roches ont dû le nom qu'elles portent encore.

Entre les portes, l'isolement est complet ; il y a là un cachet de grandeur sauvage que l'on ne trouve nulle part. Le roc se montre à nu ; à peine quelques saillies sont-elles revêtues de petites touffes d'herbes desséchées. Au milieu de l'hémicycle immense qui se trouve circonscrit par la mer, on oublie l'heure en admirant les puissantes lignes qui profilent le pied de la falaise ; les édifices capricieux dont les voûtes ont été taillées par les vagues ; et la marée surprendrait l'imprudent visiteur, si il n'était averti par les pêcheurs empressés de regagner le passage du *Trou-au-Chien*, avant que l'eau ne l'ait recouvert.

Les maisons cachent, tout près de la jetée du nord, une excavation dans laquelle —au dire des antiquaires saugrenus — les druides cachaient leurs pièces de cent sous, gardées soigneusement par les loups-garous et les gobelins.

L'origine de cette carrière est, à vrai dire, moins celtique : on la creusa pour en tirer des moellons, qui furent employés à la construction du mur qui bordait la passe. Elle a été témoin d'une petite aventure que j'ai entendu raconter il y a bien longtemps.

C'était en 1744. Les fabricans de toiles

venaient, chaque samedi, traiter, dès le point du jour, avec les filandières qui apportaient du fil au marché. Il se faisait alors dans le pays un grand commerce de toiles : on ne tisse presque plus aujourd'hui ; et les magnifiques damassés de M. Lethuillier soutiennent seuls l'ancienne réputation des tissus de lin du Pays de Caux.

Les fabricans et marchands de fil étaient de gros gaillards, au teint fleuri, dont la ceinture crevait de pistoles. Néanmoins, ils se disaient pauvres, montaient un bidet de chétive apparence, et logeaient chichement, pour deux sols la nuit, chez mon bisaïeul, à l'auberge où pendait l'inclyte enseigne de la *Fleur-de-Lys*.

C'est que l'hôte savait allier, dans une juste proportion, à nos crus secs, les cidres embarqués sur la Dives, et en faisait un breuvage fort bon et délicieux, que buvaient volontiers les marchands de fil, grands connaisseurs en cidre du pays.

S'étant pourlechés de ce bon piot, ils aimaient fort à jouer un écu marqué à trois beaux dés ; mais en cachotiers : et ils allaient se nicher dans la carrière où nul ne les voyait.

Des jeunes gens, bien avantagés en souplesse, bien délibérés, de grand plaisir et de bon appétit — desquels les vieillards disent encore maint tour joyeux — s'étant bizarrement accoutrés, se cachèrent au fond de la caverne.

Les enjeux étalés, ils s'élancèrent, jetant de grands cris, traînant des chaînes et brûlant des artifices.

Sur quoi les marchands, en grand effroi, s'enfuirent, laissant l'argent qui fut employé en notables libations, au cabaret du *Dauphin-Couronné*.

Et il fut dit en commun proverbe d'un homme se laissant duper, qu'il revenait du *Trou-à-la-Monnaie* : chose très-fâcheuse, car le Trou-à-la-Monnaie est bien loin de là, en face de la ferme des Prés, au coupeau de la montée, et les écrivains s'y tromperont.

La digue de galet qui défend l'avant-port des envahissemens de la mer, fournit à foison le désastreux pavage qui revêt encore un grand nombre de rues.

C'est là que les ménagères viennent sécher leur linge au soleil.—Et vous ne savez pas — gens de haut pays — le nombre infini de mètres carrés que peut recouvrir une *coffrée* cauchoise.

On remarque, le long des corderies, les débris d'une de ces murailles qui existaient à l'entrée de toutes les vallées s'ouvrant sur la Manche.

Les savans ne savent trop à quelle époque rapporter la construction de ces barrages. L'un dit, tout matogrobolisé, qu'en de si hautes matières, l'antiquaire doit « reposer sa tête sur l'oreiller du doute. » C'est aussi l'avis de Sancho Pança.

Les bains de Fécamp, longtemps négligés, commencent à être en vogue, et ils seront visités bientôt par un grand nombre d'hôtes fidèles. C'est justice, en vérité, car ils sont situés sur une belle plage de cailloux roulés, sur laquelle l'eau acquiert la transparence que l'on apprécie si fort à Etretat, où le fond est de même nature. Là, point de ces roches qui forcent, dans certains pays, les baigneurs à attendre le retour de la marée ; ils peuvent à toute heure se plonger dans l'eau.

Le *Casino* est placé tout près des falaises. Il se compose de vastes pièces reliées entr'elles par une longue galerie couverte, d'où l'œil embrasse un immense horizon ; d'un local affecté aux bains chauds, etc.

On y trouve tout ce qui peut faire paraître le temps moins long — ou plus long — aux désœuvrés : journaux, billard, pianos.

Un mât de navire s'élève sur la pelouse, avec ses cordages, ses haubans, où des enfans grimpent à l'envi tandis que d'autres s'élancent sur une grande balançoire, ou se hissent aux nœuds d'un appareil de gymnastique.

On doit transformer en un parterre les abords du Casino ; frayer des sentiers sur les pentes des remparts et de la côte, et placer, çà et là, des bancs en face de la mer.

Le propriétaire des bains a fait construire un gentil chalet, orné de bois découpés, qui ne pèche que par un côté : il contient trop peu d'appartemens au gré des amateurs. Il est facile de remédier à cela en lui donnant des compagnons.

Le nom des *Bains Morillon* est fort connu et jouit d'une certaine célébrité. Ce modeste établissement, situé auprès de ce qu'on appelle encore la *Porte-du-Perrey*, appartient à un brave homme, ouvrier dans l'hiver, baigneur dans l'été, qui a acquis la réputation, bien méritée, d'un excellent guide.

On comptait à Fécamp, avant la révolution, dix paroisses, dont les églises ont été détruites à l'exception de celle qui est placée sous l'invocation de saint Etienne. Cet édifice commencé au xvie siècle, n'a pas été terminé, ou bien a été reconstruit à la hâte, après un incendie qui s'est déclaré pendant que le canon tonnait au haut de la tour, pour célébrer le passage de Charles IX. — On peut choisir entre ces deux versions.

Il n'offre de remarquable que quelques piliers; un élégant bénitier; une Flagellation. de Lemettay, peintre du roi, né sur cette paroisse en 1726, et mort à Paris en 1760; un joli portail, sur la porte duquel le premier des martyrs est journellement lapidé. On a flanqué contre le chœur, en 1852, une plaisante sacristie coiffée de clochetons plaisamment sculptés.

L'église abbatiale est devenue paroisse. C'est un monument sévère, dont les murailles nues sont soutenues par des contreforts peu saillans. Certaines parties du côté droit, et la chapelle de la Vierge, d'une date plus récente, ont seules reçu quelques ornementations extérieures. L'aspect général en est imposant; mais il ne faut pas regarder le grand portail, qui témoigne du mauvais goût du siècle dernier, et qui porte la devise païenne *D. O. M.*

La nef est fort belle et offre des lignes

architecturales d'un effet grandiose. Les piliers, coiffés de chapiteaux romans, perdent leur lourdeur, grâce à l'agencement heureux de grêles colonnettes s'élançant jusqu'au second étage de galeries. Une immense lanterne, assise sur quatre piliers, soutient tout le poids du clocher et inonde le chœur de lumière. Le tout est recouvert d'un sale badigeon dont le blanc douteux fatigue l'œil. Les bas-côtés ont un étage supérieur: disposition qui se remarque dans plusieurs églises de la période normande, et qui éclairait d'une façon mystérieuse ces vastes édifices.

Je vais énumérer, sans ordre ni logique, tout ce qui m'a paru remarquable dans ce vaste vaisseau, en m'abstenant des minuties archéologiques, dont on fait un si étonnant abus par le temps qui court ; en m'abstenant surtout de copier, comme tant d'autres, le *Thrésor de l'Abbaye de Fécamp*, manuscrit très-peu rare, rédigé par un minutieux sacristain, à la fin du XVIIe siècle.

La chapelle de droite du transept renferme une représentation, de grandeur naturelle, du trépassement de la Vierge. Le moine qui a taillé ce groupe de pierre, Robert Chardon, a choisi le moment où—comme il est dit ès chroniques de Jacques-de-Voragines — les apôtres, venus sur des nuées, entourent le lit sur lequel celle que « toutes les générations diront bienheureuse, » vient de rendre son âme à Dieu. L'artiste a sculpté, sur le mur de fond, une traduction mystique des litanies. La fidélité des costumes est peu observée, et la Vierge est vêtue comme si elle était morte dans les premières années du xvie siècle. Un bon barbouillage à l'huile a recouvert les teintes harmonieuses qui animaient la pierre, et un beau fond d'azur sur lequel scintillaient des étoiles d'or.

A côté s'élève un haut tabernacle, donné par Gilles Duremont (l'un des juges qui firent brûler la Pucelle comme mécréante et magicienne). Il recouvre le *Pas-de-l'Ange;* c'est-à-dire l'empreinte que, selon une légende, une ange a laissé sur une pierre, le jour de la dédicace de l'église.

Une seconde chapelle, où sont placés les fonts baptismaux, a été ajoutée à ce côté du transept. Richard 1er avait voulu être inhumé sous les gouttières du temple : la volonté du pieux duc fut suivie ; mais les moines étendirent bientôt l'église, jusque sur les restes de celui auquel ils devaient des dotations immenses.

Deux statues voilées rappellent les mutilations volontaires de religieuses qui se coupèrent le nez, espérant ainsi échapper aux outrages des soldats d'Hasting, et que ce chef féroce fit massacrer, au rapport des chroniqueurs.

Les chapelles du pourtour sont fermées par d'élégantes balustrades, dont les ornemens sont d'une rare élégance et d'une grande finesse. M. Grégoire, architecte du département, a fait débarrasser ces ouvrages délicats de la couche de craie qui les empâtait. Les sujets placés sur les portes sont parfois étranges : ce sont tantôt des enfans, tenant sur un plat la tête du précurseur ; tantôt de petits amours fort étonnés de se trouver en pareil lieu , et s'appuyant gravement sur un carquois, leur unique vêtement.

On remarque, dans le bas-côté droit, plusieurs tombeaux dont les sculptures ont été mutilées.

La chapelle de la Vierge a gardé quelques verrières assez éclatantes. Elle est revêtue, jusqu'à la hauteur des croisées, d'une boiserie qui entourait autrefois le chœur. On vante beaucoup un Christ voilé, le morceau le moins remarquable peut-être de ces panneaux de chêne, fouillés par une main habile.

La merveilleuse relique du Précieux-Sang est conservée dans un élégant tabernacle en marbre blanc, encastré derrière le rond-point du chœur, et exécuté, au XVIe siècle, par un artiste italien.

A gauche, des pleins-cintres et deux chapelles romanes rappellent l'ancienne église : ils furent, selon l'usage du temps, conservés lorsqu'on réédifia le temple pour lui donner un développement plus considérable. On a placé dans l'une de ces chapelles, sur la porte du chartrier, devenu le vestiaire des chantres, des pierres finement découpées. C'est, avec quelques statues, groupées dans le côté gauche du transept, ou placées sur divers autels, tout ce qui reste d'un jubé, que le premier curé de Fécamp, après le rétablissement du culte, fit démolir avec un empressement extrême : il avait même ordonné aux maçons d'en briser les sculptures. Cependant, l'un d'eux conserva quelques morceaux qu'il plaça sur la façade de sa maison ([1]).

Le jubé était l'œuvre de l'auteur du groupe du trépas de la Vierge : on retrouvait partout, dans les ornemens, les initiales gothiques R. C. et un chardon emblématique. Il était placé en travers de la nef et séparait l'église des moines de la partie réservée au public.

Le chœur est splendide ; il est entouré de stalles en chêne et il est pavé en marbre. Un baldaquin, en bois doré, et des pilastres de ce marbre rouge dont on a été si prodigue pendant le dernier siècle, font la jubilation des indigènes.

L'horloge, que l'on voit dans la chapelle

([1]) Maison Morillon, rue Seigneur.

gauche du transept, est datée de 1667. Elle indique l'heure, les phases de la lune, l'heure des marées, etc. Cette machine, qui nous paraît assez grossière, devait être fort prisée à l'époque où elle fit résonner, pour la première fois, le réveil qui appelait les moines à matines.

La musique de l'abbaye de Fécamp était célèbre. Elle n'a pas fait école ; car les échos de la vallée ne répètent plus que les notes aigres du cornet à piston.

La paroisse est fort orgueilleuse de ses cloches qui, pour un rien se mettent en branle. Fécamp est certainement l'île la plus sonnante qui existe, en terre ferme, depuis le Havre jusqu'à Dieppe. Si frère Jean des Entommeures — qui disait ses heures « à l'usage de Fécan, à trois pseaul- « mes et trois leçons, ou rien du tout qui « ne veut, » — revenait au monde, il trouverait l'office bien long.

Les bâtimens claustraux occupaient une vaste étendue de terrein : ils formaient un carré long, dont le milieu était occupé par le réfectoire et la bibliothèque. Vendus comme biens nationaux, ils ont été en partie renversés, et l'on n'avait conservé que deux lignes de bâtimens, dont l'acte de vente interdisait la destruction. La commune a acheté ces restes d'une superbe habitation, et les a fait restaurer. Ils contiennent, aujourd'hui, les bureaux de la mairie; les bureaux du télégraphe; la justice-de-paix; une école de garçons, et une salle d'asyle. Deux appartemens sont consacrés à une bibliothèque assez bien composée et riche en collections curieuses, dont les habitans n'ont usé encore qu'avec une extrême discrétion; à la façon de ces buveurs d'eau qui, ayant une bonne cave, se plaisent à lire les étiquettes de chaque case sans jamais y faire brèche.

Les deux ailes restées debout, et long-temps occupées par des industriels, avaient renfermé tour-à-tour, une filature de coton, une école d'enseignement mutuel; un atelier de menuiserie; une imprimerie; une scierie mécanique, et étaient en fort mauvais état. On les a reliées par une construction mesquine, d'un goût assez douteux, occupant les deux côtés d'une porte qui a dû être copiée sur une feuille d'architecture à l'usage des écoles primaires. Les bureaux de la mairie, la salle de réception sont vastes et bien disposés : ils donnent sur un beau couloir, interrompu, d'une façon malheureuse, par un mur de refend, et débouchant sur un passage, dont la largeur avait été déterminée avant l'ère de la crinoline.

Pour être franc, il faut dire, qu'à part cette mesquinerie de conception, dont les petites villes ont peine à se défaire, on n'en a pas moins doté Fécamp d'un hôtel-de-ville que lui envient bien des cités populeuses. L'édifice municipal sera entouré par une vaste place, sur laquelle on doit faire une sorte de jardin public, qui offrira un lieu de promenade très-agréable.

Le gaz n'a pas encore jeté ses flots de lumière dans les salles de la mairie : il s'est arrêté discrètement à la porte d'entrée, et se contente de briller au haut de quatre grands candélabres.

Le marché est un incommode et dégoûtant amas de bicoques, qui ferait honte à toute ville moins accoquinée à ses vieilles habitudes. Il est entouré de hautes murailles : disposition rationnelle au temps où les moines enserraient vendeurs et acheteurs; dans cet enclos, percevant plus facilement les droits et s'opposant, dans ce but, à ce que la circulation s'établit par la ville.

Fécamp n'a pas de théâtre ; — à moins que l'on ne veuille donner ce nom à un magasin converti, tant bien que mal, en salle de spectacle. La foule s'entasse pourtant sur les bancs peu rembourrés, quand, de fortune, une petite troupe prend là ses quartiers d'hiver.

La fondation de l'hospice remonte au xie siècle. Il fut longtemps abandonné à des titulaires, qui employaient à leur profit le plus clair des revenus.

Il est desservi, depuis 1723, par des religieuses bénédictines.

Les bâtimens actuels, dont la construction est toute récente, sont dus à la libéralité de mademoiselle de Giverville. Ils sont vastes et bien combinés pour les divers besoins du service. Mais — et c'est un terrible mot que ce mais — ils sont assis sur un terrein qui cache à peine la nappe d'eau alimentant les puits ; il n'y a pas de cave sous les salles inférieures ; les notions fournies par la science sur le cube d'air nécessaire aux malades, sur le meilleur mode de ventilation, n'ont pas été observées.

Que l'architecture en soit belle ou non, peu m'importe. Je tiens qu'en matière de bâtimens affectés à une destination charitable, on ne devrait jamais s'occuper d'ornementation. Les matériaux du pays, les lignes, la disposition des baies ; en voilà assez pour constituer un ensemble imposant qui plaise aux plus difficiles.

Comme Paris et Rome, Fécamp a ses catacombes, — sans ossemens, il est vrai. A force de creuser le sol pour en extraire

une pierre verdâtre et compacte, on l'avait
miné si bien, que la ville était sur le point
de rejoindre son berceau.

Les eaux de l'inondation de 1824 (qui
faillirent faire prendre un désagréable bain
à la plus grande baigneuse des temps mo-
dernes, Madame la duchesse de Berry), et
celles qui envahirent les rues en 1842, se
frayèrent un passage dans les carrières —
emportant avec elles maintes bouteilles
de vin vieux, et même une maison.

Or, en 1842, la panique fut grande :
chacun s'attendait à voir crever, comme
une planche pourrie, la croûte friable qui
supportait les pavés. D'autant qu'on racontait, en grand effroi, comment, quarante
ans en çà, deux maisons avaient disparu
un beau ou plutôt un sot matin.

Les paysans se demandaient si il était
prudent d'apporter du beurre au marché ;
et, pendant quelque temps, Fécamp fut
une ville bien calomniée.

Que le voyageur se rassure, l'heure de
la réparation.....

Bref, les maçons ont si bien fait ;

Ils ont entassé tant de moellons ;

Ils ont employé tant de chaux hydraulique ;

Que l'on peut poser le pied (la partie
étant prise pour le tout) sur les très-rares
trottoirs, avec autant de confiance que si ils
étaient soutenus :

Par des arcs aigus, entrecroisés de vives
arêtes ;

Par des arcs en plein-ceintre ;

Par des arcs surbaissés,

Ou par une voûte en cul-de-four.

ARBRES ET FLEURS.

On ne peut pas rester un jour à Fécamp
sans visiter le magnifique jardin que **M**.
Louvel a planté sur un terrein d'alluvion et
sur la pente d'un coteau calcaire, où l'herbe
poussait à peine.

L'habile horticulteur n'a pas oublié qu'il
devait faire de son établissement un vaste
magasin, d'où il pourrait tirer les végétaux
les plus variés, pour les répartir dans les
jardins et les parcs, qu'il sait tracer avec
une habileté parfaite ; tirant parti du
moindre coin, profitant de tous les accidens

de terrein ; ménageant des vues sur les côtes et les bois.

Le sapin de Normandie, le melèze—dont les branches menues semblent ornées d'un effilé de soie verte, — l'if, croissent fraternellement auprès des conifères arrachés du sol californien ; les rhododendrons, les azalées, les kalmias, fleurissent à côté du houx et de l'arbousier ; la riche famille des lauriers prête son abri à la digitale de nos bois en même temps qu'elle ombrage des végétaux cueillis sur le versant des Andes et de l'Himalaya ; le tulipier, le magnolia, croissent leurs branches avec les rameaux du sorbier des oiseleurs et du cytise des Alpes. C'est, enfin, la plus riche collection d'arbres, d'arbustes et de plantes d'ornement que l'on puisse voir.

Les fleurs de parterre ne sont pas négligées. Les rosiers — depuis l'églantine jusqu'aux roses monstrueuses dont on renonce à compter les pétales, — les géraniums, les verveines, la pensée — cette humble fleurette devenue l'orgueil des corbeilles, — les pétunia, les chrysanthèmes, les giroflées, charment la vue par leurs couleurs splendides , frappent l'odorat par leurs suaves parfums.

Il fait bon se reposer sous les grands pommiers qui croissent dans la partie la plus aride de la côte : leurs longs bras , pliant jusqu'à terre sous le poids des fruits, forment une voûte de verdure que les rayons du soleil ne peuvent pénétrer.

Un caprice heureux du jardinier artiste a créé là une *Normandie* pleine d'ombre et de fraîcheur. Il y manque bien encore une cabane et quelques bancs ; mais il fait si bon, par une journée brûlante, s'étendre sur l'herbe.

Ce jardin , c'est le parc de ceux qui n'ont pas grand comme la main de terre ; le parterre de ceux qui ne possèdent qu'une cour pavée de silex : à ce titre, j'en ai fait ma promenade favorite, et je lui devais bien une réclame dictée par la reconnaissance.

Du reste, de la sincérité de mes éloges, j'ai pour garans la Société centrale d'Horticulture et l'Association normande.

qui ont prodigué à M. Louvel des médailles pour ses pépinières ; le tracé des jardins ; la multiplication de nouvelles plantes ; la culture des conifères de pleine-terre (1er prix), et la culture des végétaux à feuilles persistantes (1er prix).

LES ENVIRONS DE FECAMP.

Une sorte de promontoire qui s'allonge entre la route de Rouen et le chemin de Ganzeville, porte le nom de *Canada* : Sur le plateau, le houx de terre étale ses fruits écarlates, attachés à l'aisselle des feuilles ; ou bien les fleurettes percent l'herbe, au milieu des ajoncs.

Il y a eu là un camp romain ; un camp établi conformément aux lois indiquées par Végèce — dans un livre que personne n'a jamais lu. Sans nul doute César a foulé cette terre trois fois sacrée ; car le plus intrépide grabeleur de mots ne pourrait pas prouver, le *de bello gallico* à la main, que l'illustre conquérant n'a pas visité cette partie des Gaules.

C'était peut-être un camp gaulois défendant un village de huttes coniformes; — le pendant de la cité de Limes, que l'on ne voit pas auprès de Dieppe.

Ou un camp normand—*castra danorum,* au dire des scribes : ce qui se traduit tout naturellement par Canada.

Ou un camp du temps de la ligue, disposé à la hâte et qu'on n'a pas orné de pointes aiguës : d'autant que la rue de la Barricade et la rue du Fossé-au-Roi, débouchaient vers ce point.

Une coquette vallée, au sein de laquelle une rivière décrit de gracieux méandres, présente une belle promenade jusqu'au village de Ganzeville. A l'arrivée, la vue se repose sur un petit moulin caché sous des pommiers : la roue moussue jette—comme un chapelet de perles—l'eau qui blanchit entre les vannes étroites. Le château, reconstruit au xviie siècle, a été longtemps habité par les descendans d'un compagnon des anciens ducs, qui avait pris pour devise *toti sanguini tincti*. Il ne reste des anciennes constructions que les hautes murailles d'une tour.

Le cours d'eau dont nous longeons les bords, prenait sa source à Daubeuf ; il apparaît, à présent, à une lieue de là, sur le territoire du Bec-de-Mortagne : il jaillit des fondations de l'église, joli monument campagnard, restauré — lisez défiguré — par les soins du curé de la paroisse.

Les habitans de Daubeuf ayant, dit-on, refusé de l'eau à leurs voisins de la plaine, Dieu les punit de leur égoïsme, en les privant du liquide dont ils s'étaient montré si avares.

D'autres racontent qu'un prêtre distrait, pendant l'office, par le tic-tac assourdissant d'un moulin, supprima le moteur pour se débarrasser de l'usine. La mesure était efficace ; car on ne connaissait pas la puissance de la force élastique de la vapeur d'eau, et les croisés n'avaient pas encore pris chez les levantins, la lèpre, les blattes et les moulins à vent.

Un vallon, débouchant sur la vallée du Bec-de-Mortagne, renferme les carrières calcaires de Pétreval, où l'on trouve un grand nombre de mollusques fossiles.

Une eau ferrugineuse, connue sous le nom de source de Mesmoulins, coule sur le territoire de Tourville.

La vallée de Valmont se dirige vers l'est, tandis que celle de Ganzeville est ouverte du sud au nord ; elle est large, peuplée, pleine de jolis sites et de légendes.

D'un côté un sentier ombreux, tracé entre un vivier — plein d'une eau limpide, babillant sur de blancs cailloux, parmi des plantes aquatiques — et un bois touffu, aboutit à la ferme de l'Epinay, qui appartenait à l'abbaye. C'était le lieu qu'affectionnaient les bénédictins ; ils allaient volontiers y prendre — pour employer le style monastique — leur récréation. Les menait pour lors un bonhomme de cocher ; mais si gros qu'il dormait toujours sur son siége ; laissant tomber son fouet et donnant un sou marqué au premier petit garçon venu, pour qu'il le ramassât, faute de pouvoir descendre ainsi à tout bout de champ.

Sur la rive droite, une route départementale, de bruyantes usines et le tapage des huileries.

Si l'on en croit les traditions locales, une ville puissante existait à Colleville, dans le vallon d'Orival. C'était, chose étrange, un port de mer dont les vaisseaux gagnaient la Manche par une passe qui n'existe plus.

Le diable gardait, disait-on, les trésors de la ville détruite, dans une caverne fermée par une grille de fer. Qui, par convoitise, se hasardait à pousser la porte, la sentait céder ; mais elle se refermait pour toujours sur lui. Un jour, les paroissiens voulurent en avoir le cœur net — *auri sacra fames* (ce Virgile jurait comme un

païen) — : ils se rendirent donc en pro-
cession sur le lieu maudit. Le curé, se dévouant pour ses ouailles, s'avança brave-
ment ; mais il faillit être victime de son
zèle. La porte se refermait déjà, quand le
sacristain glissant subtilement le bâton
de la bannière entre la paroi et l'huis
entrebâillé, garda ainsi son pasteur de
malencontre. Ce merveilleux bâton a été
brûlé par malheur ; il était fait comme
celui de la croix de l'abbaye de Sevillé :
« de cœur de cormier, long comme une
lance, rond à plein poing et quelque peu
semé de fleurs de lys presqu'effacées. »

Plus loin, autre histoire. — Sur un plateau, à mi-hauteur de la colline, vivait jadis
un hermite : frisque et galant, la meunière
le voyait d'un bon œil ; chasseur enragé, il
mitraillait le gibier seigneurial, à l'aide
d'une vieille arquebuse.

Ceci ne se passait pas sous la domination
romaine. Marion Delorme venait tout juste
de faire cager un certain Salomon-de-Caux,
l'inventeur de la pitoyable machine à feu
que vous savez.

Donc, le bonhomme de châtelain invita l'hermite à un festin ; lui reprocha le tort qu'il lui faisait en tuant son gibier par maraude, et s'engagea, si ledit hermite ne chassait plus, à lui envoyer de notables pièces ; puis, en pur don, lui offrit un lièvre pesant neuf livres pour le moins.

Le bon frocart se plaignit des caphards et calomniateurs, protestant de son innocence en matière de chasse, et termina en priant le sire de venir prendre sa part d'un modeste dîner qui serait servi sur la petite table de la cellule.

Or, ce merveilleux festin se composait du lièvre, bouilli, il est vrai ; mais non dépouillé.

Le moyen de croire qu'un aussi mauvais cuisinier put prendre plaisir à la chasse ; — car il n'est, comme on dit, cuisine que de chasseur.

Et l'arquebuse fit son jeu.

L'hermite disparut, un beau matin, sans qu'on sut jamais où il était passé.

Aucuns disent que son froc cachait un noble seigneur, menacé d'une vengeance royale. De quoi l'on a fait une chanson que les filles disent, en formant des rondes au soleil couchant ; tandis que les matrones, herbées sous la saulaye, devisent du temps passé.

Le vieil donjon des d'Estouteville semble encore menacer le bourg de Valmont, gentil pays caché au fond de la vallée, comme en un nid de verdure. Le château, qui avait été reconstruit en partie au xvie siècle, est placé sur un vaste plateau, et le vieux donjon, antérieur peut-être au xiiie siècle, domine toute la vallée. Cette belle habitation est entourée d'arbres séculaires. Non loin de là, on trouve le *Vivier*, plein d'une eau claire où les truites passent avec la rapidité d'une flèche, et sur laquelle se joue une bande de cygnes.

Comme dans toute vallée plantureuse, il y avait une abbaye à Valmont.

De l'église, il ne reste plus que les bas-côtés et une charmante chapelle, dédiée à la Vierge, renfermant les tombeaux des d'Estouteville. Cette chapelle, fort remarquable, offre aux curieux de jolies verrières, représentant la Visitation, la Naissance de Jésus, l'Adoration des bergers, la Mort de la Vierge, etc.

Le retable, attribué à Germain Pilon, reproduit, d'une façon singulière, l'intérieur de l'appartement de la Vierge : le bois flambant sur les landiers, les outils épars, la laine ouvrée par les doigts bénis, le lit, rien ne manque à ce naïf intérieur.

J'ai vu sur l'autel un livre, tout chaffourré de traits illisibles, qui m'a paru le grimoire ou, tout au moins, l'*Enchiridion*.

L'abbaye de Valmont appartient à M. Bornot : il habite le cloître, dont les fenêtres s'ouvrent sur un délicieux jardin.

Messire Nicolas d'Estouteville, fit construire la première église, c'était un homme dur et farouche ; grondant sans cesse et ne donnant aux ouvriers que du pain et de l'eau.

Les manans auraient succombé à la peine, si la fille du châtelain — colombe égarée dans un nid de vautours — ne leur eut apporté souvent des alimens et du vin.

Suivant un sentier ombreux, elle allait un jour accomplir cette œuvre pie, lorsqu'elle se trouva face-à-face avec son père.

— Que portes-tu là ? lui dit-il.

— De l'eau et des roses, répondit-elle en rougissant.

Et comme le soupçonneux vieillard tirait le pan de robe, que, d'un geste gracieux, elle relevait sur son sein, des roses odorantes tombèrent à terre ; et le vase au long col qu'elle tenait à la main laissa couler une eau limpide.

Dieu n'avait pas permis qu'un mensonge souillât ces lèvres pures.

Non loin de Valmont, est un château qui mérite une mention particulière. C'est à Fiquainville que Cuvier recueillit ses premières observations sur l'histoire naturelle, alors qu'il était précepteur des enfans d'Hericy.

Le chemin de fer, qui rapproche les distances, permet aux baigneurs de faire en un jour d'assez longues excursions et de visiter quelques endroits présentant des objets remarquables.

C'est d'abord, près de l'embarcadère des Ifs, un petit château, jolie construction du XVIIe siècle, qui a donné son nom à la station. Mais comme la distance n'est pas grande, je conseille aux promeneurs de faire une partie ce petit voyage à pied, en suivant un sentier verdoyant qui serpente dans le charmant vallon des Petits-Ifs.

Puis, non loin de la station de Beuzeville, l'if phénoménal des Trois-Pierres, dans le tronc duquel on vient d'établir une chapelle, à l'imitation de celle qui existe, depuis 1696, dans le chêne séculaire d'Allouville (station d'Alvimare.)

Ensuite Yvetot, qui ne se recommande plus que par le précieux souvenir de sa royauté, célébrée par Béranger.

Caudebec, où les voyageurs sont conduits par les omnibus du chemin de fer ; charmante petite ville abritée par des coteaux verdoyants et se mirant dans la Seine. L'église, ou plutôt la chapelle de Caudebec,

est une admirable construction du xve siècle,
bâtie par Guillaume Letellier. Le maître
maçon, qui gît sous une dalle, a orné ce
monument des plus élégantes et des plus
délicates sculptures.

Enfin, Lillebonne. — Les voitures qui
correspondent avec le chemin de fer, suivent
une belle route au bord de laquelle est situé
l'immense parc du château du Valasse. —
Lillebonne est fière de son cirque romain,
enseveli pendant une longue suite de siècles;
de ses ruines normandes bâties avec les
matériaux préparés par les maîtres du
monde.

Le *château* est entouré d'un joli jardin en
terrasse, d'où l'on voit la Seine.

DE FÉCAMP A CANY.

Les *Échelles-de-Senneville* n'ont rien qui étonne, lorsque l'on a vu les valleuses d'Étretat. C'est aussi un sentier tortueux taillé dans la falaise, à l'extrémité d'une dépression qui se prolonge dans la plaine, jusqu'à une assez grande distance et n'éprouve pas l'influence des vents du large.

Les pommiers fleurissent, les arbustes poussent à quelques pas de la mer ; et cette vive végétation contraste avec le tableau grandiose qui frappe les yeux quand on arrive au point où le chemin est brusquement interrompu.

Les maisons qui composaient autrefois le village de Saint-Pierre, se groupaient autour d'une église placée dans un petit vallon terminé par un échouage où quelques bateaux trouvaient leur place. Les bateaux ont disparu, les maisons sont tombées et elles ont été reconstruites au sommet de la côte, où l'église elle-même a été transportée.

Sassetot possède un vaste château, placé au milieu d'un grand parc, qui appartient à la famille de Martainville.

Un val resserré, connu sous le nom des *Dalles*, mène à la mer. Il est bordé de maisons habitées par des marins qui forment une partie des équipages des bateaux pêcheurs de Fécamp.

Partout, du reste, sur ces points élevés du littoral, on trouve des familles de pêcheurs, dont des *lots* de filets constituent

le patrimoine. Les femmes filent et tor-
dent le chanvre ; lacent les seines et les
réparent.

Si , de Saint-Martin-aux-Buneaux , l'on
veut descendre sur la grève, on suit un
chemin creux appellé le Val : à son extrémité est une *porte* formée par d'énormes
blocs de roches.

On exploite, à Malleville, du grès depuis
un grand nombre d'années. Cette pierre ,
dure et froide , s'est prêtée pourtant au
caprice des artistes , comme le prouve le
calvaire qui se dresse sur la route. Le
grès est commun dans toute cette contrée
et a servi à bâtir les églises.

Cette excursion , sur un chemin ondu-
lant selon le caprice des collines , m'a
rappelé quelques lignes jetées à la troisième
page d'un journal et emportées par le
souffle qui disperse toutes ces feuilles d'un
jour.

Vers le soir d'un de ces beaux jours de

mars — avant-coureurs du printemps — j'errais sous de grands arbres étendant sur le chemin leurs rameaux dépouillés.

Un cimetière entourait—d'un long cordon de générations — une modeste église, sur laquelle s'arrêtaient les derniers rayons du soleil. L'église était déserte, et le silence n'était troublé que par des oisillons, faisant leurs nids dans les combles : ils avançaient leur tâche avec mille cris aigus, portant un flocon de laine trouvé sur un buisson ; se disputant des brins d'herbe jaunie ou des menus rameaux de buis desséché.

Il y avait là un joli monument, coquettement fouillé, avec une inscription orgueilleusement dorée, retraçant les vertus, les regrets éternels ! —toutes ces faussetés de convention, dont les collatéraux barbouillent volontiers la dernière demeure du riche, — des fleurs rares brillaient au milieu des violettes odorantes.

Personne n'avait jamais prié devant cette pierre, qu'un étranger avait parée, moyennant salaire, pour la fête des Rameaux.

A quelques pas, un léger mouvement de terrein indiquait seul la place où l'un de nos semblables avait été déposé : pas une fleur ne s'épanouissait au milieu de l'herbe ; pas même cette fleur que — selon la belle expression de Souvestre — « la bonté de Dieu fait naturellement croître sur les tombes : l'oubli. »

Car auprès de ce tertre, une femme vêtue de noir se tenait immobile, abîmée dans le passé, sans espoir pour l'avenir ; elle déposa sur la terre un rameau de buis bénit et s'éloigna comme à regret.

« Elle pleurait son fils et ne voulait pas être consolée. »

Ce contraste d'indifférence et de pieux souvenir m'impressionna vivement ; et je n'ai jamais passé devant cette tombe sans nom, sans éprouver une émotion doulou-reuse.

CANY ET SES ENVIRONS

Cany est une toute petite ville propre et coquette, bâtie au fond d'une fraîche et verdoyante vallée. Elle ne renferme aucun monument ; elle n'a presque pas de souvenirs ; mais on voit partout l'eau s'épandre en cascades scintillantes et mettre en mouvement, — sous le feuillage des grands arbres — les roues des moulins.

Le marché est vaste ; il attire chaque semaine un grand nombre de cultivateurs.

A Cany et aux environs, on fabrique encore de la toile au métier à bras, surtout des

toiles à sacs et à coller. Il y existe des filatures de coton ; des tisseries ; des fabriques
d'huile de colza, etc.

Les truites abondent dans la Durdent
et méritent la réputation qu'on leur a faite.

Le château de Cany est situé à deux
kilomètres de la ville, au milieu d'une vaste
prairie convertie en un parc magnifique.
La rivière enclôt, d'un cercle capricieux,
les dépendances du château et en défend
les abords ; elle alimente d'immenses
étangs, sur lesquels nagent des bandes de
cygnes.

Toute la vallée, en remontant vers les
sources de la Durdent, offre les sites les
plus gracieux.

C'est une merveilleuse promenade que la
route de Cany à Saint-Denis-d'Héricourt ;
elle borde d'abord le parc du château,
protégé de ce côté par une belle haie
d'épine, puis traverse Grainville-la-Teinturière, où vint mourir le dernier de ces
vieux normands qui savaient gagner des
royaumes.

Le sire de Bethencourt , seigneur de Grainville-la-Teinturière, résolut de s'emparer des îles fortunées qui avaient été reconnues par les portugais. Il équipa avec Gadifer de la Scala, habitant de La Rochelle, une flotte qui reçut des aventuriers normands et gascons ; débarqua d'abord à Lancerote , puis étendit sa domination sur plusieurs îles. Le conquérant devint alors fondateur et législateur ; il bâtit des forteresses, des églises, et donna des lois aux peuplades qu'il avait soumises. Il revint, dans tout l'éclat de sa gloire, se reposer dans son manoir, et donna de grandes fêtes, dont maître Leverrier, son compagnon et son historien, parle avec un naïf enthousiasme; retourna visiter ses domaines ; puis enfin , il fit un dernier voyage à Grainville-la-Teinturière où, roi des Canaries, il mourut en 1414.

Une table de marbre noir, placée sur un des pilastres du chœur de l'église, rappelle le nom et les exploits de ce hardi navigateur.

Grainville possède un hospice renfer-

mant près de cent lits. Cet utile établissement, fondé en 1692 par Pierre de Bec-de-
Lièvre qui y plaça douze lits, s'est enrichi
de dons nombreux et peut recevoir beaucoup plus de malades que l'on n'en admet
dans la plupart des maisons hospitalières.

En face du Hanouard, le joli château
d'Auffay est placé sur une colline, plantée
de taillis percés de larges chemins.

Puis Robertot, Sommesnil, etc., avec
leurs coteaux recouverts d'une nappe de
verdure qui rappelle la luxuriante végétation des bords de la Toucque.

Entre Envronville et Roquefort (ce qui
nous éloigne un peu de notre route), on
voit, au milieu d'une prairie située entre
deux collines, une cuve de laquelle une
source jaillit à des époques irrégulières.
On redoute l'apparition de ces eaux : elles
présagent, dit-on, la cherté des subsistan-
ces et elles ont causé maintes fois des épi-
démies meurtrières. « Vers la fin du xviii^e
siècle, le hameau Masson perdit ainsi une
quarantaine de ses habitans ; la frayeur
était devenue si grande, qu'un jour on ne

trouva personne pour porter les morts au cimetière (¹).

La théorie de l'intermittence des sources périodiques n'étant pas applicable au Vert-Buisson, M. Marchand donne ainsi l'explication de ce phénomène :

« Dans les terreins cretacés, dit-il, (²) « les cours d'eau sont nombreux et leur « volume considérable. Lorsque les canaux « dans lesquels ils s'écoulent sont complè- « tement remplis, la moindre pression « suffit pour faire remonter le liquide dans « les terreins supérieurs qui sont poreux ; « il remonte même à la surface du sol si « les courans se trouvent en rapport avec « des fissures ou des tubes ascendans ca- « pables de l'y conduire. La nappe d'eau, « que les fouilles de 1835 ont montrée à « dix mètres de profondeur, nous paraît « être dans ces conditions ; à la suite de « pluies prolongées, elle obéit à la pression « opérée par des infiltrations continues, « s'élève dans la cuve, sourd et coule tant

(¹) Eug. Marchand. *Des Eaux potables.*
(²) *loco cit.*

« que les causes de son ascension persis-
« tent, c'est-à-dire pendant un jour, une
« semaine, un mois, une année et même
« plus. Elle constitue alors un véritable
« puits artésien intermittent. »

De Cany à la mer la vallée prend plus
de largeur; elle perd son aspect riant et
les arbres s'inclinent sous l'effort des vents
du large.

Les moines de Fécamp possédaient toute
cette partie du territoire; ils avaient un
hôtel ou plutôt une forteresse à Vittefleur.
Ils tentèrent au xvie siècle de créer un port
à l'embouchure de la Durdent, et l'on dit
que l'on reconnaît encore la trace des travaux gigantesques qui furent accomplis à
cette époque. Là encore on retrouve la tradition d'une ville détruite par la mer.

On pêche à Palluel d'excellentes truites
remontant la rivière au moment du frai:
cette espèce atteint de grandes dimensions et est fort recherchée par les gas-
tronomes.

La petite chapelle de Janville domine le paysage.

On raconte qu'une statue de la Vierge trouvée sur la côte, ayant été placée dans l'église de Palluel, retourna d'elle-même au lieu d'où elle avait été retirée. En mémoire de quoi on construisit une chapelle pour y placer l'image miraculeuse.

L'église de Veulettes est un vaste et antique monument tel que les moines aimaient à en asseoir au moyen-âge dans des gorges sauvages.

Les habitans prétendent descendre en droite ligne du célèbre Gargantua, dont ils possèdent le tombeau ; notre maître François Rabelais se serait donc trompé comme un antiquaire, puisqu'il affirme que ce tombeau, dont on n'a pu voir le bout « parce qu'il entrait trop avant les excluses de Vienne » a été trouvé en un pré, près l'arceau Gualeau, duquel Jean Andeau faisait lever les fossés.

SAINT-VALÉRY

Une petite rivière, objet d'un culte ido-
lâtrique, coulait au milieu des bois, lorsqu'un moine de Picardie, dont le nom a
été donné à un grand nombre d'églises,
vint fonder un établissement religieux dans
la vallée, étroite et sans profondeur, où se
sont groupées les maisons de Saint-Valery-
en-Caux. Comme, malgré les prédications
du saint homme, les habitans continuaient
à adorer les bois et les eaux courantes, il
s'avisa d'un excellent moyen pour suppri-
mer la partie aquatique de leur culte : il

enfonça un grand nombre de balles de laine dans la source de la rivière et la boucha si bien que depuis onc elle ne coula.

Ceci me remet en mémoire un conte que l'on me faisait quand j'étais petit.

Un vieux matelot d'Yport avait tant et tant voyagé qu'il avait tout vu : A la veillée il racontait les tempêtes que son navire avait éprouvées ; — comment un jour le kraken (d'où on a tiré le verbe craquer) s'était montré tout-à-coup, élevant ses énormes bras au-dessus de l'océan, et avait enlevé un matelot qui serrait le perroquet d'un vaisseau, grand comme l'Abbaye de Fécamp ; — comment les cancrelats avaient si bien mangé un navire de la compagnie des Indes, qu'à son arrivée à Lorient il n'en restait plus qu'un bordage, sur lequel était posé le soulier du mousse.

Mais le plus curieux de tout c'est, qu'après bien des fatigues, il était arrivé tout près de la source du vent du nord.

Comment est-elle faite la source du vent du nord ? demande un bonhomme tout

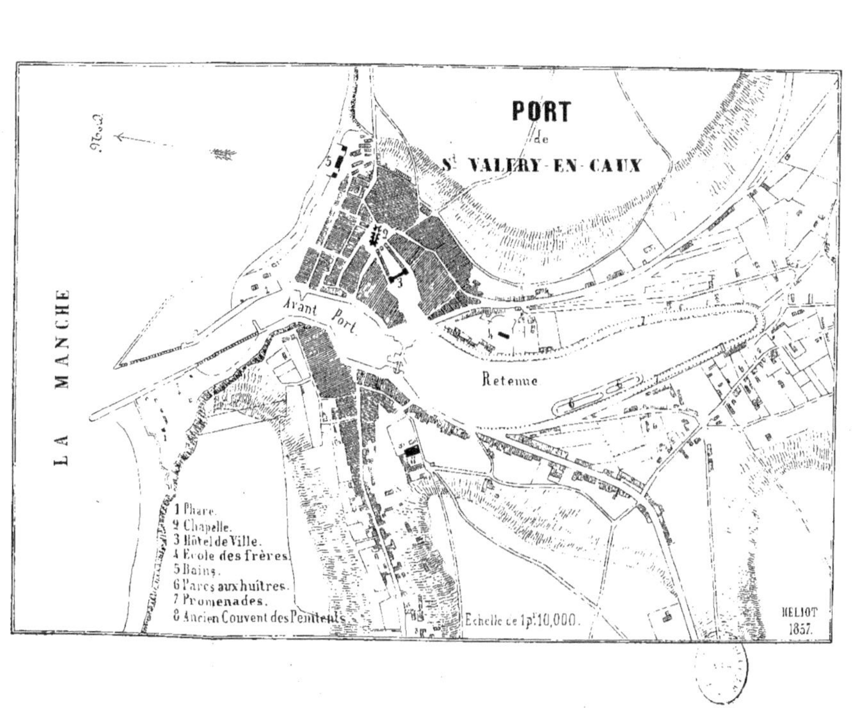

LA MANCHE
PORT
de
St VALERY-EN-CAUX
Avant Port.
Retenue
1 Phare.
2 Chapelle.
3 Hôtel de Ville.
4 Ecole des frères.
5 Bains.
6 Parcs aux huîtres.
7 Promenades.
8 Ancien Couvent des Pénitents.
Echelle de 1p. 10,000.
HELIOT
1857.

cassé qui avait bien voyagé aussi, mais pas si loin.

— Elle n'est pas plus grande que cela, répondit le matelot en rapprochant le pouce de l'index , formant ainsi une figure — dite cercle par les géomètres — dont le diamètre était de un pouce quatre lignes.

— Pas plus grande que cela, imbécile ! il fallait y fourrer ton bonnet ; nous serions tranquilles maintenant.

Saint-Valery compte 4,800 habitans. La ville est enserrée dans un tout petit vallon où l'on a créé une petite retenue, un petit port, de petits chantiers de construction. Mais on a bien tiré parti du peu de place que laissait la disposition du terrein. Le port est entouré de maisons ; les jetées étroites s'avancent hardiment dans la mer, et de l'extrémité de l'estacade nord, la vue s'étend sur une longue ligne de falaises, d'un bel effet, tandis qu'au sud une saillie de la côte rompt la perspective. La vieille écluse de chasse a des proportions monu-

mentales, et la petite porte de flot est
élégante.

Des auteurs fort judicieux, qui n'avaient
sans doute jamais vu le pays, ont affirmé
que la fameuse flotte de neuf cents voiles
— de trois mille voiles même — dont tous
les rabroueurs de paperasses parlent sans
cesse, avait pu trouver place à Saint-Valery-
en-Caux.

On veut que le port ait été créé au XVIe
siècle ; c'est possible. Les moines de Fécamp le firent réparer en 1652, ce qui ne
prouve rien. Toutefois, en 1762, il était en
si mauvais état, que le capitaine hollandais
Cornelis, alors à Fécamp, refusait de conduire son navire à Saint-Valery, si l'on ne
s'engageait à le placer de façon qu'il n'é-
prouvât aucun dommage « par la faute du
terrein. »

Saint-Valery arme : pour Terre-Neuve,
trois navires, jaugeant ensemble 660 tonneaux ; pour la pêche de la morue dans les
mers d'Islande, quatre navires, jaugeant

240 tonneaux ; pour le hareng , quatorze bateaux, jaugeant 840 tonneaux ; pour le maquereau , huit bateaux , jaugeant 480 tonneaux ; pour le long-cours, deux navires, jaugeant 580 tonneaux , et pour le cabotage, douze navires , jaugeant 240 tonneaux.

Il y a trente ans environ, une barque qui portait des huîtres de Cancale à Dieppe, échoua et donna naissance à un banc qui, dix ans après, avait acquis assez d'importance pour attirer l'attention des anglais : nos voisins le draguèrent à fond et le détruisirent en peu de temps. Quelques huîtres, échappées aux engins destructeurs, se reproduisirent sans que l'on y songeât, et l'on fut tout surpris de découvrir, en 1856, un nouveau banc, s'étendant sur un espace considérable. On arma bien vite, pour profiter de cette aubaine ; et l'on compte aujourd'hui vingt barques qui recueillent le mollusque chéri des gourmands. Plusieurs parcs ont été créés dans la retenue.

L'huître de Saint-Valery croît promptement ; sa coquille est fine et dure ; son goût excellent : il lui manque bien encore un peu d'ampleur ; un travail bien dirigé la lui fera promptement acquérir.

L'établisssement des bains est très-fréquenté ; il est placé en amont des chantiers de construction : on y trouve un grand salon, un salon de lecture et de conversation, un restaurant, un estaminet, une salle de billard et des jeux divers.

Le peu d'étendue de la ville a, peut-être, le plus contribué à la faveur que ses bains ont obtenue. Rien de plus commode, en effet, que de se loger en ville et d'être près de la mer ; de trouver de vastes hôtels à quelques pas de la plage. Les habitans ont bien compris les avantages de cette position ; et ils sauront longtemps en tirer parti.

Il ne manque à Saint-Valery que de l'eau potable ; les puits donnent un liquide chargé de sels marins et terreux. Cependant, la pompe placée sur le puits situé au bas du passage des pénitens, fournit une eau plus salubre. M. Marchand pense que l'on pourrait, en remontant jusqu'au niveau supérieur des sources, conquérir, à peu de frais, une eau abondante et propre à tous les usages.

ENVIRONS DE SAINT-VALERY

La vallée de Cany est visitée, pendant
la belle saison, par tous les baigneurs qui
résident à Saint-Valery.

Une vieille famille lorraine s'est installée
à Gueutteville-ès-Plains, et depuis plus de
cent cinquante ans, ses membres sont fondeurs de cloches, de père en fils. Leur atelier est d'une simplicité extrême. Il consiste
tout uniment, dit l'abbé Cochet (¹), « en un
« hangar fait avec des planches négligem-

(¹) Eglises de l'arrondissement d'Yvetot.

« ment jetées les unes sur les autres, sans
« être même attachées avec des clous ;
« le fourneau est grossièrement maçonné
« avec de l'argile. La chaudière où se fond
« le métal est une construction en briques
« des plus simples. C'est avec l'argile de
« leur jardin qu'ils font les moules. »

Le salon de verdure de Pleine-Sève,
attire les promeneurs, qui se plaisent aussi
à visiter Blosseville, dont l'église possède
encore ces verrières, qui faisaient l'orgueil
de nos grands-pères; œuvres fragiles, presque partout réduites en fragments par le
vent des siècles. Le château d'Anglesqueville ; et à Manneville-ès-plains, la *Villa-
Crociata*, propriété de M. Ouin-Lacroix,
secrétaire de la grande-aumônerie, sont
également très-fréquentés.

Le joli petit bourg de Veules est situé
dans une toute petite gorge, qui a son ruis-
seau bien à elle, car il prend sa source et
se jette à la mer sur le territoire même
de la commune qu'il arrose. Ce cours d'eau
fait mouvoir plusieurs usines, et on a si
bien utilisé la moindre chute, qu'un mou-

lin est placé sur la plage ; la roue tourne sous l'action du courant pendant le reflux, et obéit en sens contraire à l'action de la mer, quand la marée monte. Si l'on en croit la tradition — il en est de même partout — Veules a été autrefois une ville importante, a eu une riche marine, dont Dieppe s'est enrichi, de nombreuses industries soutenues par les capitaux des juifs, qui ont laissé leur nom à une rue. De tout cela, il lui reste ses moulins et d'excellent cresson de fontaine.

FOSSILES — POISSONS — PLANTES

Les soulèvemens et les contractions qui ont agi sur la croûte du globe, ayant brisé les couches des falaises, elles ne peuvent pas présenter, sur une grande étendue, des assises horizontales. Ainsi, en allant du nord au sud, elles sont constituées par les parties supérieures de la craie, et montrent, en arrivant vers Fécamp, leurs couches glauconieuses ; ce qui rend leur destruction rapide. Les terreins glauconieux disparaissent de l'autre côté de la vallée ; mais on les retrouve à Etretat, sous la forme d'un banc puissant qui se relève jusqu'au sommet du cap de la Hève. De Fécamp à Etretat, les éboulemens sont donc plus rares que sur les autres points.

Les terreins crétacés, recouverts, dans certaines parties, par la brèche crayeuse, renferment des pyrites ferrugineuses (fer sulfuré de la variété radiée *Haüy*), passant quelquefois au fer hydraté brun : ce minerai abonde entre Fécamp et Senneville.

On remarque de beaux échantillons de craie subcristalline à Ganzeville, et auprès des fontaines de Grainval, qui s'échappent de la partie intermédiaire des formations crayeuses.

On voit à Vaucotte une grande quantité de poudingues agathoïdes, à ciment siliceux, passant quelquefois au grès, et mélangés de lignites et de rognons de fer oxidé limoneux.

A Senneville, à Toussaint, à Malleville, etc., les grès se montrent en grandes masses à la surface du sol : ils ont été employés, dans ces contrées, à la construction d'un grand nombre d'églises et même à l'intérieur des habitations.

A Grainval, on a trouvé des bois fossiles ; et à Fécamp, dans le sol glauconieux, des débris de poisson ; des ammonites ; des scaphytes ; des nautiles ; des *ostrea* (mais elles ne valaient plus rien) ; des *gryphea* ; des plagiostomes (de vrai, on en ferait des plats, d'où l'étymologie). Puis, dans la craie supérieure : des térébratules ; des *pecten* ; des ananchites ; des spatangues ; le *gervilia solenoïdes*, curieusement renfermé dans une masse siliceuse, comme un bonbon dans une boîte ; et, entr'autres polypiers, le *chaonites pyriformis*, que j'ai pris pour une carotte, tant je suis simple.

Des alluvions, des glissemens de terrein, peut-être l'abaissement du niveau des eaux de la Manche, ont émergé le sol des vallées. A Fécamp, le port et la retenue renferment des lits tourbeux, que les travaux du port et du bassin ont mis à découvert à plusieurs reprises. On y retrouve des feuilles, des glands, des noisettes, des bois de cerf, etc. Le désagrégement des bancs glauconieux fournit, selon M. Ducrot ([1]), le sable vert qui constitue l'épaisse couche des vases de la retenue.

La trace de cours d'eau disparus, est très-reconnaissable dans les vallées de Daubeuf et des Petits-Ifs. La rivière d'Etretat, par suite de la destruction des forêts, a dû s'amoindrir peu à peu avant de se frayer un passage sous les terres qui, n'étant plus retenues par les racines des végétaux ligneux, ont glissé sur les couches inférieures. Autrement, il serait difficile de comprendre comment il ne reste aucune notion écrite ou traditionnelle sur un événement qui a changé — il y a deux siècles à peine — les conditions du territoire, et supprimé plusieurs usines.

La composition chimique de l'eau éprouve de notables changements, selon qu'elle prend naissance dans les diverses couches calcaires ou, encore, que la nappe des puits ressent l'influence des marées. Tandis qu'à Fécamp les eaux des

([1]) Mémoire manuscrit.

fontaines Bigot offrent 0, 00501 sulfate de chaux, celles de la rivière souterreine d'Etretat en contiennent 0, 04575, du Havre, 0, 02923 (sources de Ste-Adresse), et 0, 25973 (source du Pont-Rouge), et que le puits de St-Valery, place du Marché, en renferme 0, 03728 (¹).

On pêche sur les côtes plusieurs espèces de *squales;* de *raies;* les *gades :* morues ; charbonnier (grelin) ; tacaud (poule ou gode) ; mustelle (lote) ; églefin ; merlan, etc.; les *scombres*, maquereaux, caranx, ésoce (orphie); les *clupées*, alose, feinte, éprot, hareng.

On affirme que le hareng accomplit, en bandes nombreuses, de fort longs voyages, qui se renouvellent d'une façon périodique, et se fait prendre successivement sur toutes les côtes. — Ceci me semble très-vrai ; car le hareng, long, gros, gras, dans le nord, où on le pêche d'abord, est d'un tiers plus court lorsqu'il arrive devant Saint-Valery : phénomène sans exemple

(¹) Des eaux potables, par E. Marchand.

et digne d'attirer l'attention de M. Coste ou de tout autre mangeur de poisson.

On trouve encore : la *truite* salmone-saumonée; les *centropomes*, mulet, loup (bar) —il y en a peut-être deux espèces, dont l'une atteint de grandes dimensions, *quod est probandum*;—la dorade; le gal verdâtre; le *zéus* forgeron (dorée) ; le gros-œil ; la vieille (rossignol); le cotte-scorpion (diable de mer) ; les *trigles*, mouline, grondin, rouget ; l'atherine joël (prêtre); l'équille ; les *pleuronectes*, turbot, barbue, sole, limande, flet; les *murènes*, congre, anguille.

Tous individus bêtes comme des poissons, et n'ayant de mérite que bien préparés et mis proprement sur un plat.

On pêche plus rarement la baudroye (raie pêcheresse), le syngnathe-trompette, le lamproyon. J'ai vu une seule fois l'esturgeon, la lophie-histrion, et aussi un malheureux petit *diodon*, tout fâché d'avoir été pris si loin de son pays.

Les rochers abritent une foule d'êtres singuliers. Ce sont, parmi les crustacés, les *brachiures,* crabes, palinure (étrille ou lyret), tourteau, araignée de mer, et divers pinoptères que je connais seulement de vue. À Étretat, les *folles* à pêcher les raies ramènent souvent des dromies. Parmi les *macroures,* le homard, le *palemon squilla* (salicoque, bouquet); la crevette, mais en très-petite quantité; le bernard-l'hermite, qui s'empare violemment de l'habitation des buccins, etc.

Le *turbo littoreus* (vignau), s'attache au roc, en même temps que le *trochus,* le buccin (vignautte), la patelle (lampote) et la moule. La méduse, aux teintes blafardes, s'écrase en masses gélatineuses sur le varech, et l'anémone de mer étale ses brillantes couleurs à côté de l'horrible étoile de mer.

Il y a bien encore une foule de petits êtres qui creusent les pierres, percent les bois, se cachent sous le sable; mais on trouvera bon que je n'en fasse pas, par le menu, la longue énumération.

Le poulpe, hideuse bête aux longs bras,

garnis de cupules, s'agite sous l'eau, dans
le creux des rochers. Elien, Pline et leur
digne continuateur Denys-de-Montfort, ont
écrit sur cet animal de merveilleuses histoires. On trouve encore la seiche, dont le
têt calcaire est fort utile aux serins, et
l'encornet, nommé à bon droit *calmar*, car
non seulement il jette, comme la seiche et
le poulpe, une liqueur noire, mais son os
transparent ressemble à une plume de
maître écrivain. Rien n'est joli comme
les petits encornets, longs de trois centimètres, qui jouent dans les flaques : au
moindre danger ils lancent une gouttelette
d'encre, qui cache leur corps diaphane et
ternit l'eau dans un rayon égal à celui
d'une pièce de cinq francs.

Tous les végétaux qui figurent dans la
flore normande, croissent sur le territoire
que nous venons de parcourir. Les vallées
de Ganzeville et de Valmont sont une vraie
Californie pour le botaniste. On cueille
sur les rochers les fucus les plus bizarres,
finement dentelés ou se déroulant en longs

rubans ; le *dictyota dicothoma*, les *hutchin-sia*, les *ulva linza* et *lactuca*, le *chondria pinnatifida* et *articulata*, des *plocamium*, des *sphœrococus*, le *furcellaria lumbrica-lis*, des *delesseria*, des *laminaria*, etc., noms que j'ai eu la plus grande peine du monde à copier, et qui appartiennent aux quatre grandes tribus désignées par Lamouroux sous les noms de fucacées, de floridées, de dictiolées et d'ulvacées.

Je ne citerai pas, parmi les volatiles, les poules de Caux ; parcequ'elles sont bien loin d'avoir le mérite qu'on leur attribue encore, sous la foi d'antiques traditions. Mais je dois une mention particulière au *guillemot*, qui vient nicher régulièrement sur les saillies de la falaise, au cap d'An-tifer. Les œufs du guillemot, dit Buffon, « sont de couleur bleuâtre et plus ou moins « brouillés de maculatures noires ; ils sont « fort pointus par un bout, et très-gros pour « la grandeur de l'oiseau... il se laisse ap-« procher avec une grande facilité, et c'est « de cette apparence de stupidité que naît

« l'étymologie anglaise de son nom. » Les chasseurs poursuivent en barque le guillemot qui, dès la fin juin, regagne les régions du nord.

EPILOGUE

Bien fâché l'auteur de n'avoir pas écrit, sur la première page de ce livre, cette sentence quintessenciée, tirée ès-œuvres de Maître François : « Pourtant, advisez si conseil voulez d'un fol prendre. » N'en croyez donc que ce qui vous plaira et ne le tenez partout pour paroles d'évangile. Vu que le bonhomme a trouvé, sous sa main, un curieux, joli, petit morceau de fer, taillé camus comme le calamus des anciens, lequel, capricieusement, a couru sur le papier ; y traçant de longues traînées d'une encre — dont écrivaient les moines bénédictins, leurs grands, gros, lourds in-folio — d'abord luisante et rouge, puis passant à une teinte noire merveilleusement triste à voir.

En outre ledit auteur, ayant voulu corriger les épreuves, sans mettre ses besicles, a laissé ça et là de bonnes et nombreuses fautes typographiques : pourquoi il renonce à dresser un errata. Donnant ainsi au lecteur le plaisir, non petit, de placer une virgule, de redresser une coquille, d'ajouter un mot, de restituer une date, de compléter une phrase, d'arrondir une période ; mêmement de refaire le livre en entier — auquel cas il n'en vaudrait que mieux.

TABLE DES CHAPITRES.

PROLOGUE. Page 1.

ETRETAT. Singulière affirmation d'un géographe, page 7 — Le sol est plus bas que le niveau de la haute mer, 10 — Bénédiction de la mer, 10 — Inondations 11 — Rivière souterraine, 11 — La fontaine, 11 — L'échouage, 11 — Les falaises, 12 — La valleuse de Bénouville, 13 — Fontaine incrustante, 14 — Le parc aux huîtres, 14 L'église, 15 — Légende, 15 — Antiquités, 16

ETRÉTAT (d') à YPORT. La forêt de Fécamp, 17 — Les ronds des fées, 18 — Vaucotte, 19 — Les Ferrières, 19 — Le château des Hogues, 20 — Froberville, 21.

YPORT. Ce qu'était Yport, 23 — ce qu'il est, 24 — L'église, 25 — Recette utile, 27.

YPORT (d') à FÉCAMP. Les sources de Grainval, 29 — Les fermes du Pays-de-Caux, 31 — Le cimetière de Fécamp, 33.

FÉCAMP. Son origine, 37 — La légende du Précieux-Sang, 38 — Scrupules de l'auteur, 39 Ouvrages sur Fécamp, 40 — L'ancien Costume cauchois, 41 — Etude morale, 43 — Conditions physiques, 46 — Quelques mots sur la ville, 47 — Le port, 50 — La pêche et le commerce au xviiⁱᵉ siècle, 58 — Quelques chiffres, 62 — Pillage des navires naufragés, 62 — Le commerce maritime, statistique, 65 — Etablissemens industriels, 66 — La chapelle de la Vierge, 69 — La source dite

du Précieux-Sang, 70 --- Le phare, 70 --
Le Bourg-Beaudouin, 71 -- Escalade de
la falaise, 71 --- Doutes, 73 -- La falaise
d'Amont, 75 -- Les *portes*, 76 -- Une
vieille histoire, 77 -- Le galet, 79 -- Le
barrage, 80 -- Les bains, 80 -- Le *Casino*, 81 --- Les bains Morillon, 82 --
L'église Saint-Etienne, 82 -- L'église
abbatiale, 83 -- L'hôtel-de-ville, 89 --
Le marché, 92 -- Le théâtre, 92 -- L'hospice, 92 -- Les carrières, 93 -- Arbres
et fleurs ; jardins Louvel, 97.

FÉCAMP (environs de). Le Canada, 101 -- La vallée de
Ganzeville, 102 -- La rivière, légende, 103
Carrières de Pétreval, 104 -- Source de
Mesmoulins, 104 -- La vallée de Val-
mont, 104 -- L'Épinay, 104 -- Colle-
ville, 105 -- La ville d'Orival, légende, 105
L'hermite de Vattecrit, légende, 106 --
Le château de Valmont, 108 -- L'abbaye
de Valmont, 108 -- Le miracle des roses,
légende, 109 -- Fiquainville, 110 -- Le
château des Ifs, 111 -- L'If des Trois-
Pierres, le chêne d'Allouville, 111 --
Yvetot, 111 -- Caudebec, 111 -- Lille-
bonne, 112.

FÉCAMP (de) à CANY. Senneville, 113 -- Saint-Pierre,
114 -- Sassetot, 114 -- Les Dalles, 114
— Saint-Martin-aux-Buneaux, 115 --
Malleville-les-Grès, 115 -- Indifférence
et souvenir, 115.

CANY, et ses environs. Cany, 119 -- La vallée, 120 --
Grainville-la-Teinturière; de Bethencourt,

l'hospice, 21 — Le château d'Auffay, 122 — Le Vert-Buisson, 122 — Vittefleur, 124 — La chapelle de Janville, 125 — Veulettes. 125.

SAINT-VALERY-EN-CAUX. Origine, 127 — La *source* du vent de nord, 128 — Le port, 129 — Le banc d'huîtres, 131 — L'établissement des bains, 132 — Les puits, 132.

SAINT-VALERY (environs de). Gueutteville : les fondeurs de cloches, 135 — Pleine-Sève, Blosseville, Anglesqueville, Manneville, 136 — Veules, 136.

FOSSILES, POISSONS et PLANTES, Formations des falaises, 139 — Minerai de fer, 140 — Craie subcristalline, 140 — Poudingues, 140 — Grès, 140 — Fossiles, 141 — Lits tourbeux, 141 — Cours d'eau disparus, 142 — Poissons, 143 — Crustacés, 144 — Mollusques, 145 — Végétaux, *fucus*, 146 — Le guillemot, 147 — Epilogue, 149.

RENSEIGNEMENS UTILES.

ÉTRETAT.

Hôtels. — MM. Blanquet, Calentier, Develai, Hauville.
Médecins. — MM. Demallendre, Miramont.
Pharmacien. — M. Dufour.
Voitures. — Pour Fécamp : Départs à 9 heures 1/2 du
matin et à 6 heures 1/2 du soir.
Pour le Havre : Départs à 8 heures du matin et 5 heu-
res du soir.
Correspondance avec le chemin de fer, station de
Beuzeville.

YPORT.

Hôtel. — Leroux.
Voitures. — Correspondance avec le chemin de fer de
Fécamp.

FÉCAMP.

Hôtel-de-Ville. — Bureaux de la Mairie, ouverts de 9
heures du matin à 4 heures du soir.
Bureaux de police, ouverts de 9 heures du matin à 4
heures du soir.
Justice de paix, audience le vendredi (police), et le
samedi (affaires civiles) à 10 heures du matin.
Bibliothèque, ouverte le dimanche de 9 heures à
midi ; le lundi, pendant l'été : de midi à 4 heures ;
pendant l'hiver : de 6 heures du soir à 9 heures ;
mardi, jeudi et samedi, de midi à 4 heures.

Tribunal de Commerce. — Audience le vendredi, à 11 heures du matin.

Enregistrement. — Place Saint-Etienne, de 9 heures à 4 heures.

Poste aux lettres. — Rue aux Juifs, levée de la boîte à 11 heures du matin et à 8 heures du soir.

Boîtes supplémentaires, rue des Forts (hôtel du Grand-Cerf) et rue des Prés. 10 heures 30 du matin et 7 heures 30 du soir.

Poste aux chevaux. — Rue du Havre.

Vice-consuls. — MM. Victor Fréret : Angleterre, Suède, Norwège et Danemark ; E. Couillard : Autriche ; Houlbrèque : Espagne ; Leborgne père : Prusse et Pays-Bas.

Notaires. — Mes Caron, rue Saint-Etienne ; Gelée, rue du Vieux-Marché.

Cuisiniers. — MM. Lechat, r. du Bail ; Lecœur, r. des Forts ; Quesne, quai Bérigny.

Dentistes. — MM. Lemierre, r. Arquaise ; Vincent, id.

Hôtels. — Du Charriot-d'Or, place du Vieux-Marché ; du Grand-Cerf : Lemierre, r. des Forts ; de Londres : Govain, r. du Havre ; de France : Dubuc, r. du Grenier-à-Sel.

Imprimeurs. — MM Dury, passage Sautreuil ; Hue, id.

Libraires-Papetiers. — Banse, r. du Vieux-Marché ; Garnier (demoiselle), id. ; Picard (demoiselle), place de l'Abbaye.

Médecins. — MM. Craquelin, r. à la Grise ; Defodon, r. de Mer ; Follin, r. des Renelles ; Lebouteiller, r. de l'École ; Lecanut, r. Sainte-Croix ; Liépart, r. aux Juifs ; Valin, r. du Carreau.

Musique, Instrumens, Pianos et location. — MM. Fatras, passage Sautreuil ; Fayard, id. ; Perrin, r. de la Petite-Croix.

Pâtissiers. — MM. Hold, r. du Vieux-Marché ; Lechat.
r. du Bail ; Lecœur, r. des Forts ; Lecointe, id.

Pharmaciens. — MM. Buisson, place du Vieux-Marché ;
Couillard, r. de Rouen ; Duhamelet, quai Bérigny ; Le-
métais, r. des Forts ; Leseigneur, r. de Mer; E. Marchand (chimiste), r. du Vieux-Marché ; Paquier, r. du
Vieux-Marché.

Voitures pour Étretat et le Havre. — M. Leroux, r. du
Havre, départs à 5 heures 1/2 du matin et à 2 heures
1/2 du soir.

Pour Cany, Saint-Valery et Dieppe, bureaux chez
M. Lambert, place de l'Abbaye, départ à 3 heures 1/2.

Pour Valmont, Cany, Saint-Valery, chez M. Govain, r.
du Havre, départs à 7 heures du matin et 3 heures
du soir.

Chemin de fer (service d'été) :

Départ de Paris : minuit 15 m., 8 h. 25 du matin,
1 h. du soir ;

Départ de Rouen : 6 h. du matin, 11 h. 15 du matin, 3 h. 50 du soir, 4 h. 40 du soir ;

Départ du Havre : 7 h. du matin, midi et 6 h. 30
du soir ;

Arrivée à Fécamp : 8 h. 50 du matin, 1 h. 15 du soir,
7 h. 45 du soir, 6 h. 15 du matin;

Départ de Fécamp : 7 h. du matin, 11 h. 45 du matin,
6 h. 10 du soir et 9 h. 15 du soir ;

Arrivée au Havre : 9 h. du matin, 1 h. 5 m. du soir,
7 h. 45 du soir, 10 h. 30 du soir.

Arrivée à Rouen : 9 h. 44 du matin, 2 h. 5 du soir,
8 h. 30 du soir, 12 30 du matin ;

Arrivée à Paris : 2 h. 15 du soir, 5 h. du soir, 11 h.
30 du soir, 5 h. 15 du matin.

SAINT-VALERY.

Tribunal de Commerce à l'Hôtel-de-Ville. — Audience le mardi à 11 heures du matin.

Justice de Paix à l'Hôtel-de-Ville. — Affaires civiles, le vendredi à 9 heures du matin. Police, le 2e et le 4e mardi de chaque mois.

Poste aux lettres, rue du Havre. — 1re levée à 8 heures du matin, 2e à 7 heures du soir.

Boîte supplémentaire à l'Hôtel-de-Ville.

Poste aux chevaux. — Rue de la Grâce-de-Dieu.

Agent consulaire. — M. Lescigneur : Autriche, Suède, Norwège et Danemark.

Notaires. — MMes Gallemand, Hébert.

Hôtels. — MM. Anthor, Deschamps, Picard.

Libraires. — MM. Alleaume, Delaporte, Duchemin.

Médecins. — MM. Auzou, Boilay, Duteurtre, Morel.

Pharmaciens. — MM. Grenier, Neveu.

Voitures. — Pour Dieppe, tous les jours, à 6 heures du soir ; les lundi, mercredi et samedi, à 6 heures du matin.

Pour Cany et Fécamp, tous les jours. Départ à 6 heures, 10 heures du matin et 3 heures 1/2 du soir.

Correspondance avec le chemin de fer, station de Motteville.

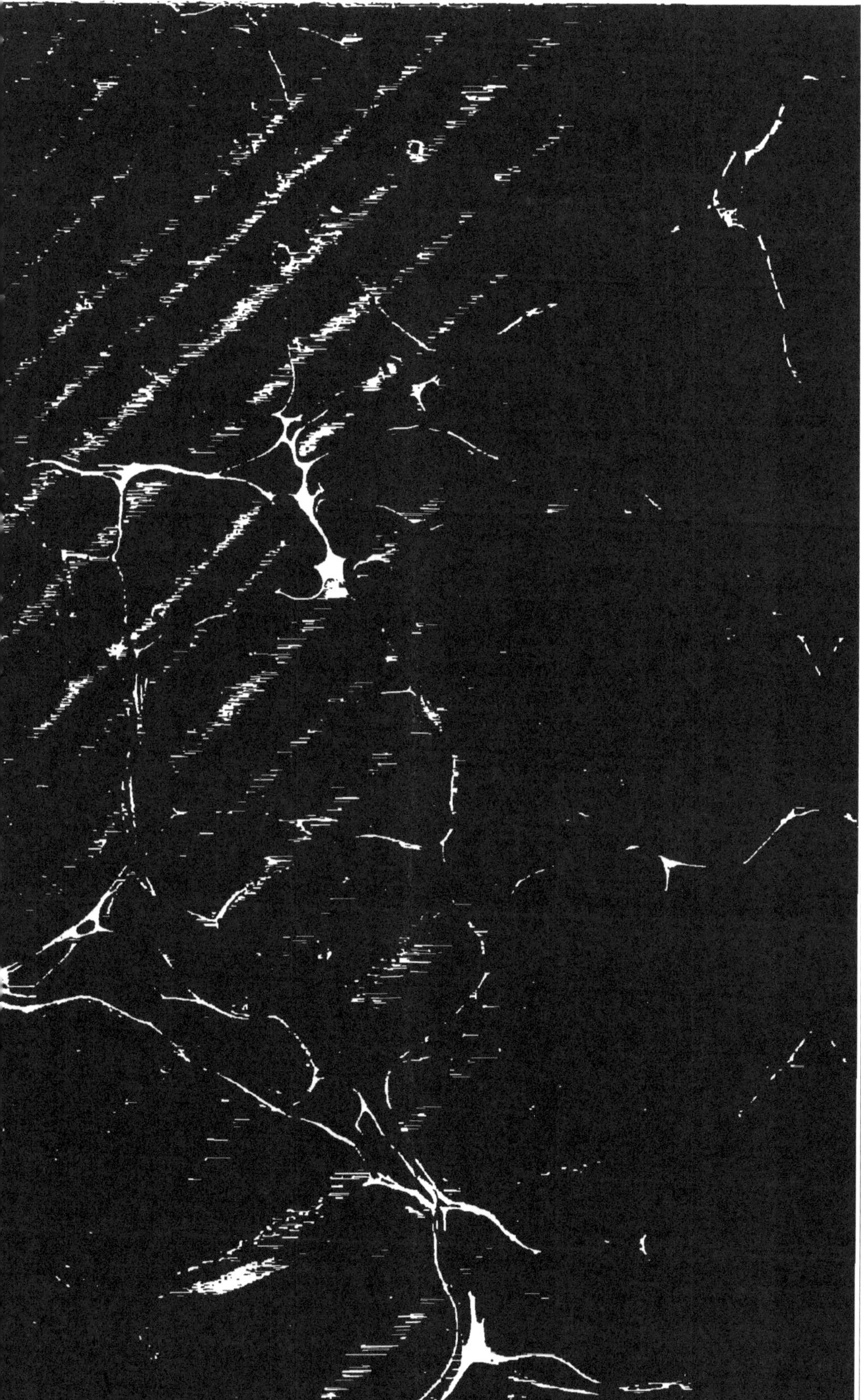

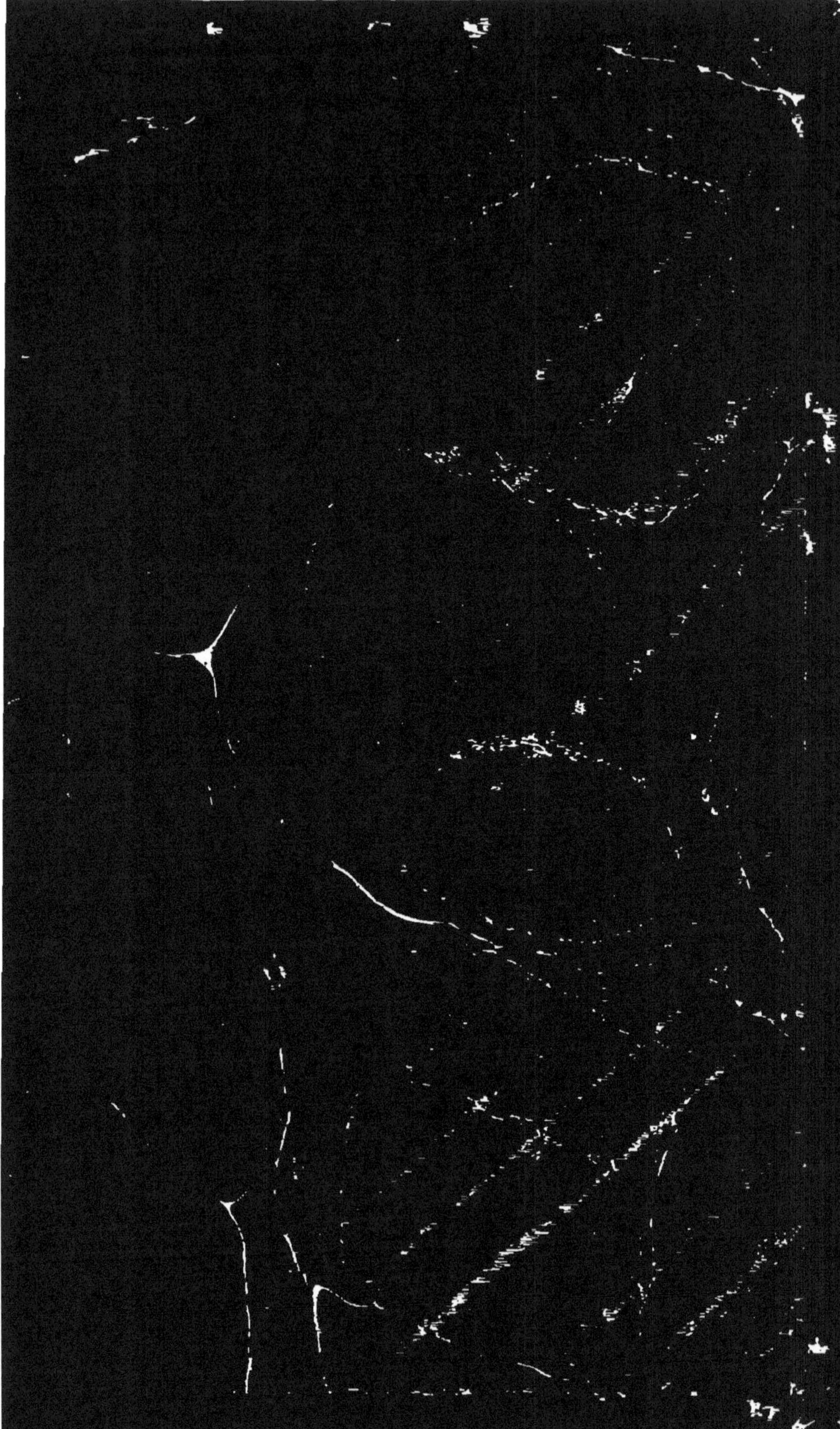